호락논쟁, 여전히 유효한가?

사회현상 이해하기

湖洛
論爭

배수호 · 정회원 · 배우정

박영사

머리말

우리는 과거의 토양 위에서 살아가고 있습니다. 어느 누구도 예외일 수 없으며, 이는 사람이 모여 사는 사회라고 해서 다를 바는 없습니다. 이 땅에서 옛사람들이 가졌던 집단적 생각과 지혜는 이 시대를 살아가는 우리에게 큰 혜안과 통찰을 제공해줄 수 있습니다. 오늘날 우리가 맞닥뜨리는 현안과 문제들을 어떤 시각에서 바라보고 해석할 것인지에 대한 방향타를 제시하기도 합니다.

이 책을 쓰게 된 동기는 단순합니다. 전통사회에서 치열하게 전개되었던 철학 논쟁과 담론이 오늘날 행정 현상을 이해하는 준거틀로 여전히 유효하고 어쩌면 우리가 이제까지 놓치고 있던 새로운 혜안을 제공해줄 수도 있으리라는 기대 때문입니다. 이 책에서 다루는 호락논쟁(湖洛論爭)과 인물성동이론(人物性同異論)은 '옛것'에 대해 다시금 관심을 환기할 수 있는 좋은 사례라고 생각했습니다. 더불어, 호락논쟁에서 도출된 지적 담론이 오늘날 행정 현상을 이해하고 정책 방향을 제시하는 데 여전히 유용한 도구로 기능할 수 있다는 생각에 이르렀습니다. 생뚱맞게 조선시대 담론이 오늘날 무슨 효용이 있겠나 하는 의구심이 들 수도 있습니다. 하지만 시대를 뛰어넘어 세상을 보는 관점과 시각은 근본적으로 유사할 수밖에 없습니다. 인간의 존재 이유, 인간과 자연, 인간과 인간, 인간과 사회(혹은 국가)의 관계를 어떻게 설정하고 바라볼 것인지에 대한 고민은 과거뿐만 아니라 현재와 미래에도 계속될 것입니다. 단지 논의의 대상이나 범위만이 변하거나 확장될 뿐입니다.

이 책은 정회원 군의 행정학 석사학위논문을 지도하면서 시작되었습니다. 조선시대 3대 철학논쟁 중 하나인 호락논쟁에서 호론(湖論)과 낙론(洛論)의 각 관점에서 우리나라 다문화정책에 관한 담론을 분석하였습니다. 정군이 석사 졸업 후 미국 유학을 떠나기 전에 정군과 배우정 박사와 함께 연구실에서 담소를 나누다가 자연스레 호락논쟁 얘기가 나왔습니다. 호론과 낙론, 인성과 물성에 관한 당시 학술적·정치적 쟁점이 지금에도 여전히 유효한 담론일 수 있다는 데 동의했습니다. 각자에게 익숙한 전공 분야를 중심으로 얘기하다 보니 호락논쟁과 인물성동이론을 다양한 행정 현상에 적용할 수 있으리라는 기대로 기뻤고 다소 놀랐던 기억이 납니다. 당시 저는 몇 개의 정책 사례를 선별하여 인물성동이론을 오늘날의 감각과 시각으로 적용하여 이론적 개념틀과 정책의 함의를 도출해보는 것도 의미 있는 지적 시도일 수 있겠다는 생각에 이르게 되었습니다.

이로써 우리는 학술서적 작업 계획에 의기투합하였고, 인물성동이론을 활용하여 다문화정책, 4차 산업혁명 시대 과학기술정책, 지방분권 및 정부 간 관계, 도시 환경정책을 집필하였습니다. 그리고 공·사(公·私) 개념 및 공공성, 환경정의에 관한 담론을 추가하였습니다. 하지만 작업이 진행될수록 쉽게 끝낼 수 있을 거라는 애초의 기대는 순진한 생각이었다는 것을 알게 되었습니다. 주제별로 시대적 맥락과 현실에 맞게 인물성 동이논쟁을 새롭게 해석하고 치밀한 논리적 전개와 추론을 통해 이론적 개념틀과 정책적 함의를 도출하는 것은 절대 쉽지 않았습니다. 어렵게 원고 초벌을 완성한 후에도 그만큼 숙성의 시간이 필요했습니다. 조금은 마음을 내려놓고 여유롭게 한 땀씩 수정·보완하는 작업을 꾸준하게 진행하였습니다. 저의 짧은 식견으로는 이제까지 행정학계에서 이러한 시도가 없었기 때문에 더욱 조심스러울 수밖에 없었습니다.

이 책의 출간에는 여러 사람의 열과 성이 담겨있습니다. 대중성이 높지 않은 책을 흔쾌히 출간해주신 박영사의 임재무 이사님께 감사의 말씀을 드립니다. 엉성한 원고를 꼼꼼히 읽고 가다듬어 훌륭한 책으로 거듭날 수 있게 큰 도움을 주신 전채린 차장님께도 감사의 마음을 잊지 못합니다. 2023년 가을학기 대학원 수업 '동양사상과 행정' 수강생들의 도움 또한 무척 컸습니다. 학생들과의 자유로운 토론을 통해 난해하거나 의심되는 내용들은 대폭 수정하였고 책의 구성 체계와 가독성을 높일 수 있었습니다. 원고를 다듬는 과정에서 이천승 교수님, 도수관 교수님, 김창진 박사님, 이영규 박사 수료생, 김강산 박사 수료생, 권혁도 선생님께서 건설적인 비평과 의견을 주셨습니다. 그리고 이천승 교수님, 전홍식 박사님께서는 이 책에 실린 사진들을 일부 제공하여 주었습니다. 문성진 교수님과 정문기 교수님께서는 올봄 산행길에서 책 전반에 걸쳐 좋은 제안을 해주셨습니다. 이분들께 진심으로 감사드립니다.

책을 내놓으며 우려와 걱정을 떨칠 수 없지만, 이 책으로 전통의 가치, 철학, 사상, 정책 사례 등에 관심을 가지는 새로운 계기가 된다면 이미 절반 이상의 큰 성공을 거둔 것이라 생각합니다. 호고(好古)가 '고리타분'이나 '시대에 뒤떨어짐'이 결코 아니라고 믿기 때문입니다. 지혜로운 사람과 집단은 중요한 의사결정에 앞서 당면한 상황뿐만 아니라 과거와 미래를 동시에 고려함으로써 현명한 판단을 내립니다. 우리의 전통과 역사에 대한 이해는 마르지 않는 샘 마냥 끊임없이 새로운 아이디어와 생각의 원천을 제공하기 때문입니다. 아무쪼록 너그러운 혜량과 가감 없는 질정을 부탁드립니다.

2024년 10월에
저자를 대표하여 배수호 씁니다.

차례

그림/표 차례

그림 차례

표 차례

들어가며

제
1
장

들어가며

　행정은 인류 역사와 함께하여 왔다. 그만큼 행정의 역사가 오래 되었다는 말이다. 현생 인류가 모둠 생활을 시작하면서부터 조직 체계를 마련하고 이를 운영해 왔다. 이러한 현상은 오늘날 행정국가에 와서 더욱 두드러진다. 행정은 삶의 곳곳에 영향을 미치고 있으며 우리의 일상에 깊숙하게 밀착되어 있다.

　우리나라 행정학은 미국(서구) 행정학에 깊게 침윤되어 있다. 해방 이후 사회, 정치, 경제, 문화 등 거의 모든 분야를 망라하여 미국의 절대적 영향권하에서 우리나라 행정학의 미국 의존도는 더욱 심해졌다. 학문의 보편성을 추구하는 측면에서 이러한 현상을 두고 '뭐가 그리 나쁘다는 건가'라는 의문을 제기할 수 있다. 어느 나라, 어느 문화권에서 만들어지고 다듬어진 이론이고 방법론이냐가 뭐가 그리 중요한 것인가. 결국 중요한 것은 우리나라 행정 현상을 적실하게 이해하고 설명하는 게 아니겠는가. 즉, 흰 고양이든 검은 고양이든 쥐만 잘 잡으면 된다는 '흑묘백묘론'의 논리이다. 일면 일리가 있는 주장이라고 생각한다. 어느 국가나 문명이든 행정의 원리, 구조, 사상에는 일정하게 보편적 특성을 담고 있기 마련이다.

하지만 행정 현상은 한 사회의 역사, 문화, 사회, 경제적 배경과 맥락이 밀접하게 맞닿아 있는 것 또한 간과할 수 없는 사실이다. 실험실에서 배양되는 균과 결코 같을 수는 없다. 한 사회나 국가에서 나타나는 행정 현상과 문제들을 제대로 파악하기 위해서는 그 근본 원인을 먼저 진단한다는 것은 상식에 가깝다. 역사학의 아날학파 페르낭 브로델(Fernand Braudel)은 연대기적 사건을 중심으로 역사 연구가 이뤄져서는 안 되며, 장기지속의 구조와 심층에 관한 역사 연구가 이뤄져야 한다고 주장한다. 이런 논리는 행정학 연구에서도 적용된다. 행정 현상의 표층만을 피상적으로 연구하고 행정학 이론과 방법론을 활용하는 것은 행정 현상의 근본적인 원인 진단과 이해를 더욱 어렵게 할 수 있다. 특수한 행정 현상을 배태시킨 사람, 집단 및 사회의 생각, 사상, 환경, 역사에 관한 진단과 이해 노력이 필시 선행되어야 한다. '귤이 회수(淮水)를 건너면 탱자가 된다.'는 말이 회자되듯이, 어느 문화·국가에서든 독특한 행정 제도, 사상, 역사적 경험을 지니고 있으므로 행정 현상은 특수성과 고유성을 띠기 마련이다.

저자는 과거의 전통과 유산만을 완고하게 고집하는 국수주의자도 수구주의자도 아니다. 그렇다고 모든 것을 한꺼번에 바꾸자고 주장하는 것은 더더욱 아니다. 시대적 요청에 따라 변화는 하더라도, 역사적 경험, 전통 지혜와 사상에 대한 이해를 바탕으로 개혁이나 변화의 추진이 필요하다고 생각하는 부류의 사람임에는 틀림없다. 온고지신(溫故知新)이니 법고창신(法古創新)이니 하는 말들이 상당한 진리를 담지하고 있다고 생각하는 사람이다.

이 책에서 저자는 조선 후기에 치열하게 전개되었던 학술적·정치적 논쟁을 소개하고자 한다. 조선의 붕당 형성과 발전은 **성리학**을 비롯한 인접 학문의 학술적 입장과 논쟁에 밀접하게 관련되어 있었다. 당시 성리학에 대한 학술적 이론과 이해 방식은 사회적·정치적 사상 형성과 함께 정부 정책의 방향성을 결정하는 중대한 사안이었다. 리(理)와 기(氣)의 이해 방식은 사회 참여 방식과 정치 노선에 직결되는 것이었다. 우리가 익히 들어왔던 **사단칠정논변(四端七情論辨), 예송논쟁(禮訟論爭)**, 호락논쟁(湖洛論爭) 등 조선 3대 논쟁은 단순히 학술적·사변적 성격에 그쳤던 게 아니라, 사회문제에 대한 이해의 시각을 형성하고 이를 해결하기 위한 국가 차원의 정책적 향방을 결정하는 중차대한 사안이었다. 정도의 차이일 뿐 오늘날에도 크게 다르지는 않다. 자유지상주의(libertarianism)와 신공공관리(new public management: NPM)의 논의가 사회문제와 정부 정책을 바라보는 관점을 제공하고 이에 따른 정책적 처방책을 제시하고 있듯이, 조선시대 정부 관료들도 성리

사단칠정논변(四端七情論辯)

인·의·예·지(仁義禮智)의 사단(四端)과 희·노·애·구·애·오·욕(喜怒哀懼愛惡欲)의 칠정(七情)이 발현할 때 작용하는 리(理)와 기(氣)의 관계에 관해서 퇴계 이황과 고봉 기대승 사이에 편지의 왕래를 통해 행해졌던 논변을 말한다. 이후에도 율곡 이이와 우계 성혼이 논변을 계승하였고, 성리학의 가장 중심적인 주제로서 조선 후기에도 치열하게 논의되었다.

예송논쟁(禮訟論爭)

조선 후기 현종, 숙종 대에 걸쳐 효종과 효종비에 대한 조대비(趙大妃: 인조의 계비)의 복상기간(服喪期間)을 둘러싸고 일어난 서인과 남인 간의 두 차례에 걸친 논쟁을 말한다. 1659년 효종 사후 조대비의 복상 기간을 3년(만 2년)으로 할 것인가, 기년(朞年)으로 할 것인가에 대한 논쟁이 바로 1차 예송인 기해예송(己亥禮訟)이다. 1674년 인선왕후(仁宣王后: 효종비) 사후 조대비의 복상기간을 효종비를 장자부(長子婦)로 봐서 기년으로 할 것인가, 차자부(次子婦)로 봐서 대공(大功: 9개월)으로 할 것인가에 대한 논쟁이 2차 예송인 갑인예송(甲寅禮訟)이다.

학을 비롯한 인접 학문에 대한 이해와 입장에 따라 외교관계, 국방, 군사제도, 노비제도, 세금제도, 서얼 차별 등에 대한 시각과 함께 정부 정책의 방향과 수단이 다를 수밖에 없었다.

우리는 조선을 언급할 때마다 '붕당 망국론'을 종종 떠올린다. 대체로 조선 선조 시기의 동서 분당을 시작으로 세도정치 전까지를 통틀어 붕당정치의 시기로 분류한다. 1910년 8월 29일 경술국치와 일제 식민지로의 전락을 붕당정치의 폐해 때문으로 비난을 돌린다. 이는 반쪽의 진실이다. 실제로는 붕당정치의 와해로 조선의 통치시스템이 완전히 붕괴되면서 망국의 길로 들어섰다고 보는 게 더 정확한 진단이다. 붕당정치에서는 일당이나 가문의 독재가 아닌 '견제와 균형의 원

경신대출척(庚申大黜陟)

1680년(숙종 6)에 남인이 대거 실각되어 완전히 몰락하고 서인이 정권을 장악한 사건으로, 경신환국(庚申換局)으로도 불린다. 이 사건으로 인해 서인 세력의 독주체제가 마련되면서 조선의 붕당정치는 붕괴되기 시작했다.

시파(時派), 벽파(僻派)

시파는 조선 후기 사도세자의 죽음에 동정하고 정조의 탕평정국에 참여했던 노론의 일부, 소론 및 남인을 일컫는다. 노론의 대다수였던 벽파는 사도세자의 사면과 추숭 및 정조의 탕평정국에 반대하였다. 정조 사후 영조의 계비 순정왕후와 벽파는 1801년 신유박해를 시작으로 시파에 대한 대대적인 숙청을 단행했다.

리'가 나름대로 작동하고 있었기 때문이다.

동서 분당 이후 동인은 다시 남인과 북인으로 나눠지고 1623년 (광해군 15) 인조반정에 따른 광해군의 폐위와 더불어, 북인은 정치세력으로서 입지를 완전히 상실하게 된다. 인조반정으로 서인 세력은 득세하게 되고 1680년(숙종 6) **경신대출척(庚申大黜陟)** 이후 남인에 대한 처벌을 두고 서인 세력은 다시 둘로 갈리게 된다. 남인 처벌을 두고 강경한 태도에 있던 사람들이 주로 노장층이었으므로 노론(老論), 온건한 태도에 있던 사람들이 주로 소장층이었기에 소론(少論)으로 나눠지게 된 것이다. 그 이후 노론 내에 호락논쟁(湖洛論爭)이 전개되면서 다시 서울·경기 지역 노론들은 낙파(洛派), 충청 지역 노론들은 호파(湖派)로 분당된다. 이후 영조 시기에 발생한 사도세자(思悼世子, 1735~1762)의 폐위와 죽음을 둘러싸고 그를 동정·옹호하는 입장에 섰던 **시파(時派)**와 그의 폐위와 죽음이 정당하다는 입장에 선 **벽파(僻派)**로 나눠진다.

하지만 정조 사후 19세기부터 시작된 세도정치는 더 이상 붕당정치의 시기라고 볼 수는 없다. 이때는 일당 독재, 특정 가문의 권력 독점에 가까운 시기였다.[1]

호락논쟁은 조선 후기 노론 내에서 사회 현실과 개혁을 두고 전개되었던 학술적·정치적 논쟁이었다. 서울·경기 지역 노론들은 정주학뿐만 아니라 상수역학(象數易學), 불학, **양명학** 등 다른 학문이나 사상에 대해 상대적으로 유연하고 포용적이었던 반면, 충청 지역을 기반으로 하는 노론들은 정주학에 대한 근본적인 이해와 교조적인 입장에서 다른 학문이나 사상에 대해 완고하고 배척하던 입장이었다. 충청 지역 노론들은 **송시열**에 의한 '주자 사상의 절대화'와 존주론(尊周論)을

---

1) 세도정치 초반기에도 시파와 벽파로 나뉘어 천주학과 천주교 신자의 처리 문제 등을 중심으로 사상 투쟁과 정책적 논쟁은 계속되었다. 그럼에도 불구하고 성리학에서 말하는 '붕당에 따른 공론(公論) 정치'의 활성화 취지와는 거리가 멀었다고 생각한다.

깊이 신봉하고 있었다.

호락논쟁에서 학술적 논쟁의 핵심은 인성(人性)과 물성(物性)은 같은가 다른가, 미발(未發)의 상태에서 성인(聖人)과 범인(凡人)의 마음은 같은가 다른가에 집중되어 있었다. 즉, 호락논쟁은 인물성동이론(人物性同異論)과 성범심동이론(聖凡心同異論)을 중심으로 전개되었다. 주로 서울·경기 지역 노론의 입장이던 낙론(洛論)에서는 인성과 물성은 본래 다르지 않고 같다는 '인물성 동론(同論)'과 아직 마음이 일어나기 전에 성인의 마음과 범인의 마음은 다를 바가 없다는 '성범심 동론(同論)'을 지지하였다. 반면, 주로 충청 지역 노론의 입장이던 호론(湖論)에서는 인성과 물성은 엄격히 구분되어 다를 수밖에 없다는 '인물성 이론(異論)'과 본래 성인의 마음과 범인의 마음은 다르다는 '성범심 이론(異論)'을 지지하였다.

낙론이나 호론의 지지 태도에 따라 조선 후기 정책 노선과 방향에도 큰 차이를 보일 수밖에 없었다. 호론의 관료와 유자(儒者)들은 대

내시노비제(內寺奴婢制)

조선시대 내수사(內需司)와 각 궁(宮)에 소속된 노비를 내노비(內奴婢), 중앙각사(中央各司)에 소속된 노비를 시노비(寺奴婢)라 일컫는다. 이들 내노비와 시노비가 공노비(公奴婢)의 대부분을 차지하였다. 순조 1년(1801)에 내시노비제가 혁파되면서 내시노비 모두가 양인으로 신분이 상승되었다.

체로 보수적인 정책 노선을 견지하고 도덕성, 규범성, 예(禮), 순수성을 강조하였다. 이에 반해, 낙론을 지지하는 관료와 유자들은 국내외 문제에 더 유연하고 신축적인 정책 노선을 취할 수 있었다. 낙론에서는 청국과의 외교관계, 중인층 포용, **내시노비제** 혁파, 관료 등용에 서얼 허용 등에서 전향적인 입장에 설 수 있었다. 호론과는 달리, 낙론은 청나라와의 관계에 훨씬 개방적이고 전향적이었다. 이들은 현실 국제정치 상황에서 청나라를 인정하고 청나라의 문화와 사상에서 취할 부분이 있으면 이를 적극적으로 받아들여야 한다고 생각하였다. 영조·정조 시기 탕평정국에서 현실 정치 참여에도 적극적일 수 있었다. 비록 문학 분야에 한정되기는 하였으나, 중인층을 인정하고 이들의 성장을 받아들이자는 태도를 견지했다. 하늘의 관점에서 보면 인성과 물성은 동일하고 人과 物은 균등하다는 낙론의 사유구조는 왕의 입장에서 보면 모든 백성은 동등한 적자라고 하는 균시적자론(均是赤子論)과도 상응하는 바가 컸던 것이다. 이러한 명분 속에서 낙론계 관료와 유자들은 내시노비제 혁파에 대해서도 호론계보다 훨씬 적극적이고 긍정적인 태도를 취할 수 있었다. 서얼 소통 문제를 접근하는 방식

주희(朱熹, 1130~1200)

중국 남송의 유학자로, 자는 원회(元晦)·중회(仲晦), 호는 회암(晦庵)·회옹(晦翁)·운곡노인(雲谷老人)·창주병수(滄洲病叟)·둔옹(遯翁) 등이다. 주돈이, 정호, 정이 등의 유학 사상을 이어받아 성리학을 집대성하고 주자학(朱子學)을 창시하였다.

이이(李珥, 1536~1584)

조선 중기의 문신이자 성리학자이다. 본관은 덕수(德水), 자는 숙헌(叔獻), 호는 율곡(栗谷)이다. 동서 분당 이후 서인의 영수로 추대되었다. 주요 저서로는 『동호문답』, 『인심도심설』, 『성학집요』 등이 있다.

김장생(金長生, 1548~1631)

조선 중기의 문신이자 성리학자이다. 본관은 광산(光山), 자는 희원(希元), 호는 사계(沙溪)이다. 율곡 이이의 문인으로 인조반정 이후 서인 산림파(산당) 영수로 활약했다. 주요 저서로는 『상례비요』, 『가례집람』, 『근사록석의』 등이 있다.

서경덕(徐敬德, 1489~1546)

조선 중기의 성리학자이다. 본관은 당성(唐城), 자는 가구(可久), 호는 복재(復齋)·화담(花潭)이다. 리(理)보다 기(氣)를 중시하는 독자적인 기일원론(氣一元論)에 입각해 성리설을 전개하였던 주기파(主氣派)의 거유(巨儒)이다. 주요 저서로는 『화담집』 등이 있다.

에서도 국가와 가정을 분리하여 적서의 분별은 오직 가정에서의 논리라고 주장하며 서얼들이 중앙 관료로 진출하는 데 적극적으로 지원할 수 있었다.

　이처럼 노론 계열 안에서 사상적 분화가 발생했던 데에는 서울과 경기 지역의 독특한 학풍에 기인한다. 이 지역 노론은 **주희－이이－김장생**－송시열로 이어지는 전통적인 성리학의 교리로부터 상대적으로 자유로운 학풍을 지녔다. 이들은 **서경덕**과 **화담학파(花潭學派)**로부터 **소옹 상수학**의 영향을 받았고 제자백가, 양명학, 불학, 도교 등 다양한 사상을 접하고 부분적으로 수용하였던 것이다.

이 책에서 호락논쟁의 인물성 同論과 異論 각각의 관점에서 오늘날 사회현상과 정책 사례를 이해하고 적용할 수 있을지 심층적으로 고찰하고자 했다. 이는 인물성 同論과 異論을 행정학과 접목하여 이론적 개념구조와 분석 모형을 도출하고자 한 시도인 것이다. 본문에서는 공공성, 환경정의, 지방분권 및 정부 간 관계, 도시환경정책, 다문화정책, 4차 산업혁명 시대 과학기술정책 등 여섯 정책 주제에 대해 인물성 同論과 異論의 적용가능성을 탐색하였다.

제2장에서는 성리학의 한반도 전래와 함께 사상적 분기와 발전을 개략적으로 소개·설명한다. 그런 다음, 조선 후기 호락논쟁 발생의 시

대적·정치적·학술적 배경을 톺아본다. 호락논쟁의 양대 축인 호론과 낙론의 관점에서 인성과 물성, 성인의 마음과 범인의 마음에 관한 논의를 자세하게 살펴본다.

제3장에서는 인물성 同論과 異論의 관점에서 공(公)과 사(私) 개념 및 공공성을 이해하기 위한 개념적·이론적 틀을 고민해본다. 공사관(公私觀)과 공공성에 대한 접근과 이해는 공과 사의 영역적 측면과 함께, 윤리·도덕적 정당성에 기반하여 접근할 수 있다(배수호·홍성우, 2020). 同論과 異論은 영역성과 윤리·도덕성의 각 측면에서 공과 사 및 공공성 개념을 어떻게 이해하고 접근할 수 있는지를 살펴본다. 영역적 측면에서 異論은 공과 사의 영역 간 경계가 명확하게 설정·구분된다고 보지만, 同論에서는 그 경계가 모호하고 영역 간 역할 분담도 어렵다고 본다. 윤리·도덕적 측면에서 異論은 도덕적 절대주의와 엄격주의의 입장에서 외재적 규범성을 강조하는 반면, 同論에서는 도덕적 온건주의와 상대주의의 입장에서 인간의 도덕적 잠재력을 인정한다.

제4장에서는 인물성 同論과 異論의 각 관점에서 환경정의(environmental justice) 개념에 새롭게 접근하고 환경정의 논의의 확장가능성을 타진해본다. 구체적으로, 同論과 異論 각각의 관점에서 사람과 사람의 관계, 사람과 자연의 관계를 어떻게 이해하고 설정하는지에 따라 다양한 스펙트럼의 환경정의에 접근할 수 있다. 더불어, 인물성 同論과 異論의 심층 논의를 통해 '편협한' 인간중심주의 시각부터 만물일체사상과 같은 '관대한' 유교적 생태주의 시각까지 두루 포용할 수 있음을 제시한다. 물론 조선 후기 호락논쟁 당시 물(物)은 주로 소론, 남인, 서얼, 노비 등 노론이 아닌 다른 사람들을 지칭하였던 개념이다.

여기서 物을 자연환경으로까지 확대할 때 다소 논리적인 비약과 무리가 따를 수도 있다. 그럼에도 불구하고 유학은 생태중심적 특성을 내포하기 때문에 오늘날 환경생태 분야에서 물과 물성을 인간뿐만 아니라 동물, 식물, 자연, 우주만물까지 확장·적용할 여지는 충분하다고 본다.

제5장에서는 인물성 同論과 異論의 각 관점에서 지방분권 및 정부 간 관계(inter-governmental relations: IGR)를 들여다본다. 중앙정부와 지방정부가 異論 혹은 同論 중 어느 입장에 있는지에 따라 중앙과 지방의 관계 및 지방분권을 접근하고 이해하는 방식은 상이할 수밖에 없다. 중앙정부가 異論의 입장에 서면, 중앙집권적 정향성을 보이며 지방분권에 대해서는 부정적일 것이라 파악된다. 정부 간 관계에서도 권위적·계층적·수직적인 위계구조를 상정할 것으로 보인다. 반면, 同論의 입장에 서면 정부 간 관계는 상대적으로 더 협력적·수평적인 관계로 파악하며, 지방분권과 지방자치에 대해서도 좀 더 전향적이고 긍정적인 태도를 보일 것으로 보인다.

한편, 지방정부가 異論의 입장에 서면 지방정부는 중앙정부로부터 독립적·독자적 지위와 권한을 가지고 있는 것으로 파악된다. 지방정부 간 관계에서도 각자가 지니는 고유한 특성을 인정하고 다양성을 추구하고자 하는 유인이 크게 작동할 것으로 보인다. 반면, 同論의 입장에 서면 중앙과 지방의 사무 구분에 큰 의미를 두지 않을 뿐 아니라 공평하고 효율적으로 양질의 사무와 서비스를 어떻게 제공할 수 있느냐에 무게중심을 둘 것이다. 지방정부 간 관계에서도 동등한 수평적 지위와 권한을 상정하며, 전국적 차원에서 행정 사무와 서비스의 통일성, 균일성 및 획일성을 중시할 것으로 보인다.

제6장에서는 인물성 同論과 異論의 각 관점에서 환경문제, 특히 도시지역에서 환경정책과 관련한 이슈를 들여다본다. 인성과 물성이 동등하다고 보는 同論에서는 도시의 무분별한 개발과 개조보다는 친생태적인 도시공동체를 지향할 것으로 이해된다. 반면, 인성과 물성이 다르다고 보는 異論에서는 인간 중심의 도시 계획에 따른 대규모 도시개발을 선호하고 지향할 것으로 생각된다.

제7장과 제8장은 이미 학계에 학위논문과 학술지 형식으로 게재된 논문을 수정·보완한 것이다. 제7장에서는 인물성 同論과 異論의 각 관점에서 다문화정책을 들여다본다. 同論은 '모든 사람이 동등하다.'고 인정하고 교육 기회가 충분히 주어진다면 누구나 군자가 될 수 있다고 본다. 同論의 입장을 다문화정책에 적용하면, 외국인과 그 가족에게 기회균등, 기본권 보장, 공정을 위한 제도 보완, 문화 간 협력 및 이해를 위한 교육 강화, 다중 언어 제도 구축, 다문화주의 촉진 등을 고려할 수 있다. 반면, 異論의 입장에서는 근로 직종의 제한, 교육 기회의 제한, 사회보장제도의 차별적 적용 등 공존과 포용보다는 분리와 배제의 정책 수단을 더 선호할 것으로 파악된다. 더불어, 통합과 다문화주의를 지향하기보다는 주류 문화와 언어 교육의 추진, 소수 문화와 유산의 부정과 같은 동화와 차별을 위주로 하는 정책 수단을 강구하고 추진할 것이다.

제8장에서는 인물성 同論과 異論의 각 관점에서 4차 산업혁명 시대에 본격적으로 진입하게 될 미래사회에 인간과 기계(인공지능)의 관계를 어떻게 설정할 것인지를 들여다본다. 인간과 기계의 본성이 같고

다름을 판별하는 행위는 기본적으로 인간중심적이라 할 수 있다. 그렇기에 인물성 同論과 異論에서 인간과 인공지능의 동등성 여부를 판단할 때 기계가 인간보다 우월하다는 관점은 배제될 수밖에 없다. 다가오는 미래에 인간이 언제까지 기계에 대해 우월적 지위를 유지할 수 있을지는 알 수 없다. 존재론의 차원에서 인간과 인공지능 간에 본질적인 차이가 있는지 혹은 동등할 수 있는지에 대한 심오한 담론과 논의가 필요한 시점에 와있다. 제8장에서는 인간과 인공지능이 왜 같은가 혹은 왜 다른가를 논하기보다는, 인물성 同論과 異論의 각 관점에서 인간과 인공지능의 동등성 여부를 개념틀과 분석의 차원으로 활용할 때 미래사회 기술에 대응하는 인간의 유형이 어떻게 도출될 수 있을 것인지를 톺아본다.

제9장에서는 앞선 장들에서 정책 주제별로 진행했던 담론과 논의를 마무리한다. 노사관계, 인력수급정책, 외교관계, 남북한 관계, 사회자본, 공동체, 동물복지, 조세제도, 소득 양극화 등 다양하고 난해한(wicked) 행정 현상과 정책 사례에 호락논쟁과 인물성동이론을 적용할 수 있고, 이에 대한 풍부한 정책 담론과 함께 정책적 혜안과 함의를 제공할 수 있을 것으로 기대한다.

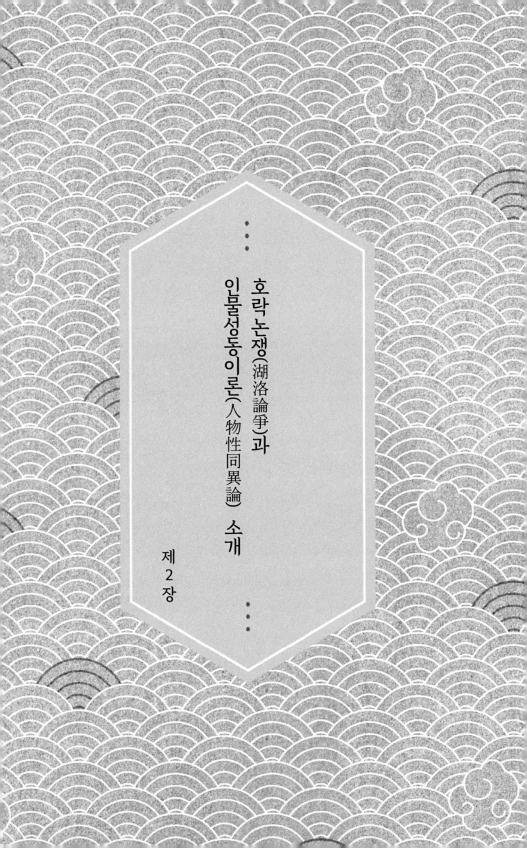

호락논쟁(湖洛論爭)과
인물성동이론(人物性同異論) 소개

제2장

호락논쟁湖洛論爭과
인물성동이론人物性同異論 소개

1. 성리학의 전개

유학은 오랜 시간 동아시아에서 종교, 정신세계, 사상, 철학, 통치
체제, 정부 운영 등에 있어 심대한 영향을 끼쳐왔다. 유학은 동아시아
역사에서 확고한 지위를 수천 년 동안 누리면서 큰 영향력을 행사해
왔다. 유학은 불교, 도가·도교와 함께 늘 역사의 중심에 있어 왔다.
왕조의 교체와 역사의 부침 속에서 유학은 종교로서, 통치철학으로서
그 중추적 지위를 줄곧 지켜왔다.

유학은 수신, 자기수양을 통한 도덕적 자아실현을 지향하는 종교,
사상이자 통치 철학이다. 공자는 "고지학자위기(古之學者爲己), 금지학
자위인(今之學者爲人)"[1]이라고 하여 도덕적 자아의 완성을 위한 인격
수양으로서 위기지학(爲己之學)을 제시한다(배수호, 2013). 첨언하면, 남
에게 과시하고 뽐내고 출세하기 위해 학문을 하는 것이 아니라 수신

---

1) 『논어(論語)』「헌문(憲問)」에 나온다.

과 수양을 통한 도덕적 인격자로의 성숙과 완성을 지향한다. 그렇다고 한 인간이 도덕적 인격의 완성에만 머무는 게 아니라, 주변 사람과 지역사회, 국가, 나아가 인류공동체에 자신의 소명과 역할을 다하고 기여할 것을 주문한다.

『대학(大學)』에서 말하는 삼강령 팔조목(三綱領 八條目)은 수기치인(修己治人), 수기안인(修己安人) 사상을 전파한다. 여기서 삼강령은 명명덕(明明德), 신민(新民), 지어지선(止於至善)을 말하며, 팔조목은 격물(格物), 치지(致知), 성의(誠意), 정심(正心), 수신(修身), 제가(齊家), 치국(治國), 평천하(平天下)를 일컫는다. 풀이하면, 밝은 덕을 밝히기[明明德] 위해서 개인은 사물을 접하고 이를 궁구하여[格物] 지혜를 이루고서[致知], 뜻을 정성스럽게 하며[誠意], 마음을 바르게 하고[正心], 그런 다음 몸을 닦아야 한다[修身]. 다른 사람들을 새롭게 만들기[新民] 위해서는 집안을 다스려 가지런히 하고[齊家], 나라를 잘 다스리고[治國], 그런 다음 천하와 세상 모든 사람을 화평하게 한다[平天下]. 이런 상태에 도달하였을 때야말로 진실로 지극한 선에 머무르게 된다[止於至善]는 것이다.

한편, 사물에 접하고 이를 궁리(窮理)하여 지혜를 이루어서 지극한 선[至善]의 소재를 인식한 다음에는 뜻을 정성스럽게 하고 마음을 바르게 하며 몸을 닦고 가정과 국가를 잘 다스려 천하를 화평하게 함으로써 지극한 선에 머물러야 한다[止於至善]는 것이다. 삼강령 팔조목을 통해 알 수 있듯이, 격물치지(格物致知)의 학술 활동, 개인 차원의 수신과 수양, 사회 현실에의 참여와 통치는 결코 별개의 것이 아니라 밀접하게 연계되어 있다. 따라서 유학, 특히 중국 송(宋)나라 이후 성리학(性理學, Neo-Confucianism) 체계에서는 학술, 수양과 정치는 결코 분리될 수 없으며 하나로 일관돼 있는 것이다.

성리학은 중국 남송(南宋) 대 학자인 주희(朱熹)에 의해 집대성되었다. 이로써 불교와 도가·도교에 밀려 점차 영향력을 상실하던 유학을 다시금 동아시아에서 주류 종교, 사상 및 통치 철학으로 발돋움할 수 있는 계기가 되었다. 성리학은 북방 유목민(금나라)에 밀려 열세에 처한 중화(남송)의 현실을 담은 사상으로 실제로는 중원을 다스려야 할 중화 왕조가 이민족에 밀려 주도권을 내준 상황을 정당화하고 이해하기 위한 노력으로부터 탄생하였다. 그렇기에 그 골자는 비루한 현실에 집중하기 보다 형이상학적 논리에 집중하였으며, 현실보다는 명분론을 강조하기에 이르렀다. 남쪽으로 밀려난 현재 상황이 영원히 이어지는 것이 아니라 언젠가는 세력을 회복하여 원래대로 돌아갈 것임을 암시한 것이다.

한(漢)나라 시절 통치 철학의 위치를 확립했던 유학은 위진(魏晉)·남북조(南北朝) 시기를 거치면서 위상이 격하되었다. 후한 말 대두된 현학(玄學)은 도가의 영향을 짙게 받았으며 다수의 지식인이 이에 심취하였다. 남북조 시기 전파된 불교는 대중 철학(종교)의 위치를 차지하게 되었다. 현학은 유학과 결합한 도가 사상이었지만 현실 정치와 실천성을 기반으로 한 유학과는 거리가 있는 학문이었고,2) 불교는 종교적 성향이 더 강하다는 점에서 유학과 다른 위치를 차지했다. 다만 현학과 불교 모두 형이하학적 탐구보다 형이상학적 문제에 관심이 많았으며, 이에 기존의 유학보다 더 높은 차원의 학문이라는 인식을 심

---

2) 현학은 정치철학보다 형이상학적 가치를 탐구하는 데 목적을 두었다. 이는 시간이 흐르면서 현학이 신비주의, 과시주의, 허무주의로 변질되는 원인이 되기도 했다.

어주었다. 아울러 둘 다 논리적 기반이 정교하여 민중을 설득하고 통합하는 데 용이하였다.

주자는 표면적으로 도가와 불가를 비판하고 유학이 정학(正學)이라고 강조하였으나, 주자학(성리학)을 살펴보면 그가 도가와 불가의 논리를 참고하여 유학을 발전시키고자 하였음이 잘 드러난다. 주자의 신유학(성리학)은 논리적 정합성이 선진(先秦)유학에 비해 높으며, 기존 유학에서 강조한 형이하학적 가치뿐만 아니라 형이상학적 탐구 또한 포함되어 있다. '인간의 본성이 왜 선한가'에 대한 탐구는 선진유학에서도 많이 언급된 바이다. 주자는 이를 발전시켜 성리학을 집대성하는 과정에서 이기론(理氣論)을 정립하였고, 이 세상을 구성하는 원리 · 원칙(理)과 이를 바탕으로 실재하는 현실(氣)을 구분하여 만물의 존립 근거와 그 변화를 설명코자 하였다.

이는 성리학을 필두로 유학이 다시금 통치 철학 및 사회규범으로 정착하는 계기가 되었다. 남송이 비록 강남으로 밀려나 비루한 처지가 되었으나, 여전히 천명(天命)을 보유하고 있음을 정당화하고 남송 정부의 정통성 확립에 크게 이바지하였다.

한반도에 성리학의 도래는 고려 시대 **안향**에 의해 본격적으로 이뤄졌다. 원(元) 간섭기에 고려는 반강제적으로 국제질서에 편입되면서 자주성이 훼손되었으나, 거대제국인 몽골의 세력에 편입되면서 다양한 문화 및 사상과의 교류가 이뤄졌다. 원나라는 티베트를 거쳐 전래된 밀교가 지배 계층에 널리 퍼져있었다. 그러나 국가 통치구조와 체계에서는 유학을 핵심으로 삼았는데 이는 성리학을 의미한 것이었다.

고려 말기 신진사대부가 성리학을 받아들여 개혁의 기치로 채택한 것은 어찌 보면 당연하였다. 성리학은 불교를 누르고 주류 사상이 되려고 하였기에 불교를 비판하고 사회를 쇄신하는 데 효과적이었다. 이는 당시 부패한 사원경제를 배격하고 올바른 정치3)를 확립하고자 했던 지식계층의 강력한 사상적 배경이 되어주었다. 신유학(성리학)은 기존의 유가 사상과 마찬가지로 국가를 다스리는 정당성을 경세제민(經世濟民)에 있다고 보았는데, 신진사대부들은 고려 말 권문세족을 백성을 수탈하고 자기들만 풍족한 생활을 누리는 사회 혼란의 주범으로 간주했다. 따라서 이들 신진사대부는 위민지치(爲民之治)를 정치적 구호로 내세웠고, 특히 급진파 신진사대부들은 고려를 무너뜨리고 새로운 국가의 기본이념으로 민본(民本)을 주창하였다.

조선은 성리학을 국시(國是)로 채택한 국가가 될 수밖에 없었으며, 성리학을 포기하고 다른 사상을 채택한다는 것은 조선의 정체성을 포기하는 셈이 되어버렸다. 따라서 조선 정치는 전후기를 막론하고 성

---

3) 신진사대부는 고려 말 사회모순이 권문세족의 폐단에 있다고 보았다. 그렇기에 권문세족이 독점한 권력과 경제적 부를 타파할 정책을 제시했는데, 대표적인 사례가 과전법(科田法)이다.

리학이 기본 정치철학이 되었다. 한편, 우리가 흔히 알고 있는 실학(實學)은 조선 말기에 등장하였지만, '실학'이라는 구분은 후세의 역사학자들에 의해 구분된 것일 뿐 당대에는 성리학의 한 갈래였다는 점에서 조선은 1910년 일본에 의해 국권이 침탈당할 때까지 국가의 정치사상으로 성리학을 채택하였다.

그렇다고 해서 성리학이 고려 때 도입된 이후로 아무런 변화를 겪지 않았다는 것은 결코 아니다. 어떤 철학이든 해당 사회의 상황과 맞물려 변화되기 마련이며, 이는 동아시아의 역사에서 유학 사상이 변천되는 과정에서도 다를 바 없었다. 특히 중국에서는 명(明) 이후로 성리학보다는 양명학(陽明學)이 우세를 점하게 되었지만, 조선에서는 앞서 서술된 바와 같이 성리학이 조선의 정당성을 상징하였기에 과격한 사상적 변환보다는 성리학을 보완·발전해나가는 쪽으로 사상적 진화가 일어났다. 이는 성리학의 토착화 과정이었으며, 중국 성리학과 한국 성리학이 비록 원류는 같더라도 전혀 다른 결과물을 낳는 데 일조하였다.

조선 건국기의 성리학은 사상적으로 그다지 변화가 없었으나, 조선 중기에 접어들면서 사상적으로 더욱 치밀해져 갔다. 이는 성리학을 정치적 도구로 활용하던 훈구파(勳舊派)4)와 달리, 지방에서 은인자중하던 사림파(士林派)는 성리학을 자기수양과 교육의 도구로 활용하였다.5) 사림파에 의해 변용·발전된 성리학은 중종 대 이후로 이들 세력

---

4) 훈구파를 관학파(官學派)라 하기도 한다.
5) 사림파를 사학파(私學派)라 하기도 한다. 사림파는 중앙의 권신이었던 훈구파와 달리 지방에 근거지를 둔 사대부 세력이었는데, 이들은 향촌 자치를 위한 도구로 성리학을 발전시켰다. 사림에 의해 성리학적 이론과 철학은 백성을 통제하고

이 관직에 진출하면서 중앙에 본격적으로 소개되었다. 특히 퇴계(退溪) **이황(李滉)**과 고봉(高峯) **기대승(奇大升)** 간의 사단칠정논변(四端七情論辯)은 조선의 성리학이 중국의 성리학과 완전히 차별되며 보다 발전된 논리체계를 형성하였음을 보여준다. 성리학은 주희의 해석을 따른다는 점에서 주자학(朱子學)이라고도 불리는데, 사단칠정논변은 주희가 논의하지 않은 부분을 채워 독자적 해석을 시도했다는 점에서 조선의 성리학이 더 이상 중국 사상이 아니라 사실상 독자적 사상으로 접어들었음을 말해준다.

성리학의 큰 골자는 바로 이기론(理氣論)으로, 이는 세상을 리(理)와 기(氣), 두 요소로 파악하고 둘 간의 관계를 바탕으로 형이상과 형이하의 현상을 구분하고 설명하고자 하는 것이다. 성리학 이전의 유학

지배하는 데 더욱 정교한 논리적 발전으로 이어졌다.

사상에서는 그저 사람의 품성은 하늘을 닮아 선(善)하다고 하였고, 사람답다는 것은 자연스러운 행동, 즉 사람 간의 사랑(仁)이 실천되는 것을 의미한다고 보았다. 이는 사회를 유지하고 좋게 만드는 도덕적·윤리적 명분으로 작용할 수는 있었으나, 논리적 정합성이 보장되지 않다는 점에서 사람들의 이해와 동의를 구하기 어렵다는 한계가 있었다. 그러나 성리학은 '성즉리 리즉천(性卽理 理卽天)'이라는 명제를 제시함으로써 '왜 사람의 본성이 순선(純善)한가'를 논리적으로 설명하는 데 성공하였다. 성리학자들이 주장하는 주요 논리에 따르면, 세상을 구성하는 원리(理)가 존재하고 이는 불변하는데, 리(理)가 사람의 품성을 결정짓고 다시 리는 하늘로부터 온다는 것이다. 이로써 하늘로 대변되는 절대적 자연법칙을 부정하지 않는 한 사람의 품성이 본디 선하다는 성선(性善)을 부정할 수 없게 되는 것이다. 마치 플라톤이 이상세계와 현실 세계를 구분한 것과 같이, 성리학자들은 하늘이라는 형이상의 개념은 오직 리만이 존재한다고 보았고 리는 순선하다고 보았던 것이다. 반대로 형이하의 세계인 현실 세계는 리와 기가 혼재하며, 사람 역시 이기지합(理氣之合)으로 이루어져 있다고 보았다. 성리학자들은 현실 세계의 모든 사물(物)은 설계도인 리와 그 재료인 기로 이루어진다고 보는데, 설계도가 똑같아도 그 건축재료에 따라 결과물이 달라지듯이, 사람의 본성이 모두 리이기에 순선하다고 할지라도 그 기질이 서로 다르므로 결국 나타나는 행동양식은 제각각일 수밖에 없다고 본다. 이는 단순히 성선설을 주장하던 선진유학에 비해 논리적 설득력이 강화된 것이라 할 수 있다.

하지만 이기론은 그저 개념도에 불과해서 실제로 리가 기와 어떻

성혼(成渾, 1535~1598)

조선 중기의 문신이자 성리학자이다. 본관은 창녕(昌寧), 자는 호원(浩原), 호는 묵암 (默庵)·우계(牛溪)이다. 율곡 이이와는 친분이 두터웠으며, 이이와의 9차례 서신을 통해 사칠이기설(四七理氣說)을 논하였다. 주요 저서로는 『우계집』, 『주문지결』, 『위학지방』 등이 있다.

게 결합하는지, 또 리와 기의 관계는 어떠한지를 설명하는 부분은 주자에 의해 제대로 정리되지 않았다. 그렇기에 성리학을 통치이념으로 현실정치에 몸담던 후대 학자들이 이를 보완해야겠다고 생각한 것은 어찌 보면 당연했을 것이다. 사단칠정논변의 핵심 주제인 마음(心)에 대해서도 주자는 단순히 '본성은 리, 마음은 기(性卽理, 心卽氣)'로 분류했고 성(性)과 마음을 구별하였다. 성리학에서 마음과 성품은 분리되는 개념이다. 중국 양명학은 '심즉리(心卽理)'라는 개념을 통해 이를 일원화하는 것으로 해결하였다. 그러나 조선 성리학은 다른 길을 택하였는데, 앞서 설명한 바와 같이 성리학을 포기하는 것은 곧 국체를 포기하는 것과 같았기 때문이다.

성리학의 논리적 흐름은 유지하되 이를 보완하고자 한 노력이 사단칠정논변이었고, 퇴계와 고봉의 논변 이후 우계(牛溪) **성혼(成渾)**과 율곡(栗谷) 이이(李珥)의 논변으로 이어져 조선 성리학에서 이기론은 더 완벽해진 논리체계로 자리잡게 되기에 이른다. 이러한 이기론의 정립은 본격적인 학파의 탄생을 가져왔는데, 율곡을 중심으로 한 서인 (기호학파)과 퇴계를 중심으로 한 남인(영남학파)은 서로 다른 이기론적 해석을 가진 채로 성리학을 계승·발전시켰다.

한편, 성리학 체계 속에 이기론의 유지는 중국과 달리 하나의 부작용을 낳게 되었는데, 바로 신분 질서의 고착화와 정당화였다. 이기론은 기본적으로 기질의 청탁수박(淸濁粹駁)이 사람 간의 차이를 낳는다고 보았는데, 이는 결국 기질적 차이에 따라 사람의 현재가 결정된다는 결론으로 이어질 위험이 있었다. 원래 이기론이 보여주고자 한 바는 모든 사람이 동일한 가능성을 가지고 있으므로 교육, 학습 및 자기 노력을 통해 성인으로 거듭날 수 있다는 것이었지만, 현재의 불평등이 기질적 차이 때문이라는 불평등의 정당화로 이어질 위험성 역시 안고 있었다. 이러한 이기론의 내재적 한계로 인해 결국 조선 후기에 접어들면서 각종 사회문제가 발생하게 되었고, 이는 조선의 사대부들이 맞닥뜨린 성리학의 사상적 한계이기도 하였다.

2. 조선 후기 호락논쟁의 발생 배경

18세기 후반 조선은 사상적 위기를 겪고 있었다. 당시 사회·경제적으로 극심한 변화를 겪고 있었던 조선은 기존의 낡은 체제를 혁파하고 새로운 시스템을 창출할 필요성을 느끼게 되었다. 공교롭게도 같은 시기 유럽에서는 시민혁명을 통해 구체제(Ancien Régime)를 혁파하고 새로운 시대를 열고 있었다. 그렇다면 18세기 후반 조선의 지식인들이 경장(更張)의 필요성을 느꼈던 조선판 구체제는 무엇이었을까.

당시 조선이 겪고 있던 변화 양상을 세 가지 요인으로 정리하면, 사회·경제적, 정치적, 그리고 대외적 요인으로 구분할 수 있다. 먼저 사회·경제적 요인으로 신분제의 혼란이 있었다. 조선은 건국 이래로 농본주의를 지향했던 국가이다. 농업 중심의 사회에서 사회 지배층은 토지를 보유한 지주이고 실제로 경작을 담당하는 소작농이 피지배층의 다수를 구성하게 된다. 이러한 사회에서 신분 질서는 매우 안정적이며 고착화된다. 실제로 조선 전기 지주의 다수는 양반 지배 계층이었으며, 양반이 아닌 지주는 극히 드물었다. 따라서 신분 질서를 유지하는 데 성리학은 유용했으며 조선 전기에는 우수한 통치 철학으로 자리매김하였다.

그러나 조선 후기 이앙법(移秧法)의 보편화로 이러한 안정적 신분 질서는 조금씩 무너지기 시작했다. 이앙법은 더 적은 노동력으로 더 많은 생산을 가능케 하였는데, 조선 전기와 달리 경제적 지위와 사회적 지위의 불일치가 발생하였다. 이모작의 실시로 인한 광작(廣作)의 여파는 부농(富農)의 탄생을 가져왔고 상공업의 발전을 야기하였다.[6] 그 결과 '지주＝양반'이라는 공식이 무너지고 몰락한 양반인 잔반(殘班)과 부농 간 경제적 지위의 역전이 발생하게 된 것이다(변태섭, 1996; 정진영, 2017: 137). 이러한 농민층의 성장으로 기존 사상과 체제만으로 이들을 구속할 수 없다는 한계점에 봉착하면서 새로운 사상과 체제의 필요성이 제기되었다.

일반적으로 동아시아 역사에서 거대한 사상적 변화는 국체(國體)

---

6) 이앙법은 직파법(直播法)에 비해 더 적은 노동력을 필요로 하였는데, 이는 대량의 이농을 촉발시켰다. 그 결과 일자리를 찾아 도시로 몰려든 이들은 임노동자로 자리 잡게 되었으며 이것이 조선의 도시화를 가져왔다(조성산, 2007). 즉, 향촌 사회의 농민은 부농과 임노동자로 경제적 지위가 분리되었으며, 상공업의 발전에 필수적인 노동력의 확충 또한 자연스럽게 이루어지게 되었다.

의 변화로 이어졌다. 대표적인 사례로 진(秦)·한(漢) 교체기에 중국의 통치 철학이 법가에서 유가로 바뀌었으며, 성리학의 등장은 북송의 쇠퇴와 연관이 있었다. 한국 역사에서 생각해 볼 수 있는 사례로 여말선초 시기를 들 수 있다. 고려는 불교가 지배하던 사회였는데 고려 말로 갈수록 극심해진 불교의 폐단은 성리학이라는 새로운 사상의 대두를 가져왔다(도현철, 2003). 성리학의 개혁 성향은 고려의 개혁을 넘어 조선의 건국을 가져왔다. 불교·도교로 대표되는 고려의 유풍은 조선이 건국되면서 『주자가례(朱子家禮)』, 『소학(小學)』 등으로 대표되는 성리학적 풍습으로 교체되기에 이른다(김준석, 1981; 이범직, 1997; 이경식 외, 2005). 즉, 한 사상의 종말은 새로운 사상으로 대체되며 이를 바탕으로 새로운 사회의 안정을 가져왔던 것이다.

18세기 후반 조선은 이러한 일반적인 사상 교체와는 다른 양상을 보여주었다. 바로 성리학이라는 사상의 자체적 진화였다. 이는 호락논쟁이 혁명이 아닌 경장(更張)임을 보여주는데, 이것은 상술된 호락논쟁의 두 번째 요인인 정치적 배경과 깊은 연관을 지닌다. 당시 정치사회 시스템은 조선 중기부터 시작된 붕당정치의 연속선상에 위치한다. 붕당정치는 현대의 정당정치와 유사한데 18세기에 접어들어 당쟁이 격화되면서 상호견제와 공존의 시스템이 무너지게 되었다. 지나친 당쟁으로 건전한 정치적 작동 방식은 마비되고 국정은 혼란을 거듭하면서 이를 완화하기 위한 방책으로 탕평책(蕩平策)이 제기되었다. 당쟁 격화와 이에 따른 탕평정국에 당시 조선이 당면한 정치·사회적 문제를 해결하기 위한 정치적·학술적 담론이 형성되었던 것이다.

마지막으로 대외적 배경을 살펴보면, 조선의 집권 세력은 병자호

란과 명·청 교체 이후 심각한 정체성 상실의 위기에 빠져 있었다(조성산, 2007). 오랑캐라고 배척당하던 청나라가 동아시아 질서의 새로운 중심 세력으로 자리매김하면서 청나라를 정벌하자는 '북벌론(北伐論)'은 중화 문화를 계승하자는 '존주론(尊周論)'으로 전환되었다. 이러한 동아시아 외교관계의 변화는 새로운 대외관(對外觀)과 화이론(華夷論), 그리고 이에 상응하는 이기심성론(理氣心性論)의 탄생을 필요로 하였다(조성산, 2007).

성리학의 한계를 알면서도 왜 새로운 학문이 아닌 성리학의 변용을 추구했었는지를 이해하기 위해서는 역사적 배경을 살펴보아야 한다. 사실 성리학의 변용은 조선 중기부터 그 기색이 보였다. 원 간섭기 안향에 의해 전래된 성리학은 사대부들에게는 중국에서 건너온 외래학문이었다. 그러나 조선 중기에 접어들어 성리학은 독자성을 갖추기 시작하였는데 퇴계 이황과 고봉 기대승 간에 발생한 사단칠정논변이 바로 대표적 사례라고 할 수 있다. 퇴계와 고봉의 사칠논변은 자생적 사상의 탄생을 끌어내는 발판이 되었으며, 이후 우계 성혼과 율곡 이이의 사칠논변과 같은 논쟁이 발생할 수 있는 사상적 바탕을 제공하였다. 이러한 사상적 조류는 조선의 학자들이 더 이상 중국에서 건너온 학문을 답습하는 차원이 아니라, 그것을 충분히 체화한 후 한국적 맥락에서 재해석·재창조하는 단계로 이어졌음을 의미한다.

이러한 흐름은 동시대 중국과는 다른 행보라 할 수 있다. 관학(官學)으로서 성리학이 자리 잡은 것은 동일하나, 명나라는 민간에서 양명학이 성행하였던 반면, 조선은 민간에서도 성리학이 지배적 학문의 위치를 점하고 있었다. 관학·훈구파가 국정 운영의 정치사상으로서 성리학을 도입했다면, 향촌 사회에서 사림파는 학문의 주류 사상과 향촌 지배 사상으로서 성리학을 수용하였다. 즉, 사림파로 대변되는 향촌 사족들은 자기 수양적 학문의 차원에서 성리학을 수용하였지만, 중앙의 권신들은 학문으로서 성리학을 연구했다기보다는 통치 철학으로서의 면모를 더 강조했던 것이다. 그러나 이러한 흐름은 조선 중기를 거쳐 사림파가 중앙집권세력으로 입지를 다지면서 변화가 나타나기 시작했다. 학문적 차원에서 성리학으로 무장한 정치세력이 중앙 정치 무대에 자리 잡게 된 것이다. 조선 중기 이후 정치를 논할 때 빠지지 않고 등장하는 붕당정치가 정당의 성격과 더불어 학파의 색채를 띠게 된 것은 바로 이러한 배경이 자리 잡고 있기 때문이다.

호락논쟁은 당시 지배 정당이었던 노론(老論) 내부에서 발생한 정치적·학술적 논의였다. 노론은 소론(少論)과 분리되기 이전 서인(西人)에 속하였으며 서인은 정치적으로는 기성세력,[7] 학문적으로는 기호학

---

7) 1575년(선조 8) 이조전랑(吏曹銓郎)직을 두고 사림파가 분열하였다. 이조전랑은 비록 품계가 낮았지만 인사를 관장하는 중요한 직책이었는데, 해당 직책은 후임자를 추천할 수 있는 권한이 있어 출세를 지향하는 선비라면 누구나 선망하는 관직이었다. 당시 이조전랑이던 김효원(金孝元)의 후임으로 심의겸(沈義謙)의 동생 심충겸(沈忠謙)이 거론되었는데, 김효원은 심의겸이 명종 대 외척인 점을 거론하며 해당 인사를 반대하였다. 척신정치를 해소하고 새롭게 조정을 일신하는 데 있어 외척의 등용은 역사를 후퇴시킨다고 인식하였던 것이다(신병주, 2012). 반면, 심의겸에 대해 온정적 입장을 취했던 인물들은 비록 그가 외척이긴 하나 사화(士禍)를 한 번 막아낸 공로가 있으며 인품이 훌륭하므로 문제가 없다고 보았다. 이렇게 입장이 갈렸던 원인으로는 김효원의 의견을 지지하던 세력이 선조 대 조정에 새롭게 유입된 신진 관료들이었고, 심의겸에 대해 온정적 입장을 취했던 인물들은 명종 대부터 국록(國祿)을 받던 관료들이었다는 것에서 비롯된다. 당시 심의겸이 숭례문을 기준으로 서쪽에 거주하고 김효원이 동쪽에 거주하였기 때문에 각각을 지지하는 붕당의 명칭이 서인과 동인이 되었다.

그림 2-1 붕당 계보도: 서인

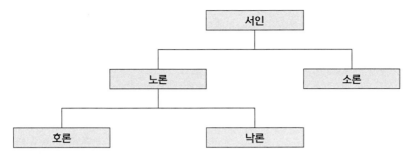

파(畿湖學派)를 계승한 세력이었다. 서인이 본격적으로 정권을 장악한
것은 인조반정이며, 이후 조선이 멸망할 때까지 사실상 정권의 변동이
없다시피 하였다.[8] 따라서 조선 후기의 집권 세력을 이해하는 데 서
인과 기호학파에 대한 이해는 필수적이다.

  호락논쟁의 기원을 인조반정 이후 서인 정권의 수립부터로 보는
인식은 이미 사학계에서 깊게 연구된 바 있다(조성산, 2007). 해당 연구
에 따르면, 서인은 태생부터 동인에 비해 다양한 인적 구성원으로 이
루어졌기에 갈등의 요소는 이미 내재되어 있었다. 서인의 학문적 배경
은 기호학파로 그 명칭에서 알 수 있듯이, 경기(京畿)와 호서(湖西)라는
두 지역을 근간으로 하고 있다. 오늘날 사회에서도 지역적 차이로 인
해 지역 간 갈등이 발생하곤 한다. 교통과 통신이 극도로 발전한 현대
사회에서도 그럴진대 전근대 사회에서 그것도 수백 년간 시간이 흐르
게 되면 지역 간 분화는 자연스럽게 이루어질 수밖에 없었다. 〈심화
표 2-1〉에서 볼 수 있듯이, 조선의 붕당이 끊임없이 분화하고 사멸하

---

8) 서인이 정권을 놓친 것은 두 차례의 환국(己巳換局, 丁未換局) 때뿐이며 두 환
   국 모두 10년을 가지 못했다.

돈암서원_이천승 사진 제공

돈암서원(遯巖書院)

1634년에 지방 유림의 공의로 사계 김장생의 학문과 덕행을 추모하기 위해 창건하였다. 1660년에 '돈암(遯巖)'이라고 사액되어 사액서원(賜額書院)으로 승격하였다. 1658년에 신독재 김집과 1688년에 동춘당 송준길, 1695년에 우암 송시열을 각각 추가 배향하였다. 2019년 7월 "한국의 서원(Seowon, Korean Neo-Confucian Academies)"이라는 명칭으로 다른 8곳의 서원과 더불어 유네스코 세계유산에 등재되었다.

고 흡수되는 것은 자연스러운 현상이라 할 수 있다. 이것은 마치 오늘날 사회에서 정당들이 이합집산하는 것과 유사하다. 서로의 입장에 따라 특정 정치적 사안에 대한 찬반이 나눠지게 되고 그것이 바로 붕당의 분화를 가져오게 된 것이다.

　　현대의 정당정치와 달리 조선의 붕당정치가 그 결을 달리하는 것은 붕당이 학파적 성향을 강하게 띠고 있었기 때문이다. 가령 서인 의 경우 최초 형성기와 달리 시간이 흐르면서 율곡 이이의 학문을 추 종하는 이들로 채워졌다. 이러한 조선 정치의 특수한 상황은 학문을 사사한 제자들이 정치적 유산 또한 승계받는 행태로 나타났기 때문이 다. 그러나 정치·학문 일치 체제는 시간이 흐르면서 차츰 무너지게 되는데 이는 앞서 설명된 지역적 차이에 기반을 둔다. 서인의 학맥은 율곡으로부터 시작되어 김장생(金長生) ─ 송시열(宋時烈) ─ **권상하(權尙夏)** 계통을 낳는데 이들의 지역적 기반은 주로 호서 지역이었다. 이들은 점차 서울·경기 지역의 서인들과 그 색채가 달라졌는데, 중앙 정치 에 민감한 낙하(洛下) 지역에 비해 호서 지역에 기반을 둔 이들은 더 교조적이고 경직된 사고를 지니게 되었다. 또한 이들은 관직에 올라 중앙 정치에 직접 참여하기보다는 간접적 수단을 선호하게 되면서 산

암서재(좌)/우암 송시열 묘소(우)

화양서원

암서재(巖棲齋)

우암 송시열이 만년에 벼슬을 그만둔 후 괴산군 화양동에 은거하면서 학문을 닦고 후학들을 가르치던 서실이다.

화양서원(華陽書院)

화양서원은 1696에 우암 송시열의 위패를 모시고 제향하기 위해 건립되었다. 창건되던 해에 사액을 받고 1716년에 숙종의 어필로 편액을 달았다. 1870년에 서원철폐령으로 훼철되었다가 2000년대 들어 서원의 일부가 복원되었다.

림적(山林的) 성격9)을 갖추게 되었다(유봉학, 1998; 오영섭, 1999; 우인수,

---

9) 산림적 성격이란 직접적으로 정치에 참여하는 것이 아니라 언론의 역할을 하는 것을 의미한다. 조선시대 붕당의 성격은 정치적 성격과 학파적 성격을 같이 가지는데 산림은 학파의 대표를 의미한다. 일반적으로 중앙에서 붕당을 이끄는

김상헌(金尙憲, 1570~1652)

조선 중기의 문신이자 성리학자이다. 본관은 안동(安東), 자는 숙도(叔度), 호는 청음(淸陰)·석실산인(石室山人)·서간노인(西磵老人)이다. 병자호란 시에 척화파로 최명길 등 주화파와 대립하였다. 호락논쟁 시기 낙론의 거두였던 김창협의 증조부이다. 주요 저서로는 『청음집』 등이 있다.

기사환국(己巳換局)

1689년(숙종 15) 장희빈의 아들(후에 경종)의 세자 책봉을 반대한 서인이 실각하고 남인이 권력을 장악한 정치적 사건이다. 경신대출척 이후 권력에서 밀려난 남인이 다시 권력을 장악하는 계기가 되었다.

1999; 조성산, 2007).

  17세기 초까지 유지되던 이러한 정치·학문 병행 체제는 두 집단 간 연결고리가 점차 사라짐에 따라 무너지게 된다. 청음(淸陰) **김상헌(金尙憲)**이 중앙에서 정치적 창구를 담당하던 17세기 초와 달리, 우암 송시열 대에 접어들어 산당(山黨)은 우암이 산림이자 당수로서 중앙 정치에 전면으로 등장하였다. 이는 명목상 하나로 유지되던 서인이 확실하게 분리되는 계기가 되었다. **기사환국(己巳換局)** 이후 우암과 함께 호서 지역 선비들이 중앙 정계에서 대거 물러나면서 중앙 정치에서 두 세력 간 힘겨루기는 끝을 맺지만 이러한 분리는 이후 고착화된다.

  한편, 정치적 분화와는 별개로 사상적 분화 역시 진행되었다. 인

영수들은 지방에 은거한 산림의 제자들이 많았으므로 산림의 한마디가 중앙 정치에 큰 영향을 발휘했다. 다만 산림이 직접적으로 중앙 정치에 나서는 경우는 드물었다.

조반정 이후 서울·경기 지역 서인은 정국을 운영하는 입장이었기에 자연스레 경세치학(經世治學)을 연구하는 비중이 커졌다. 이러던 와중에 남인, 몰락 북인, 잔존 훈구세력 등 다양한 정치집단의 합류가 일어나며 활발한 학문적 교류가 이뤄지기 시작하였다. 일례로 화담학파가 연구하던 소옹(邵雍) 상수학(象數學)이나 역학, 잡학 등의 유입은 국정 운영에 필요한 학문의 발전을 가져왔다(조성산, 2007; 한영우, 2022). 이와 더불어 서인－남인 연립정권이 상당 기간 지속되었기 때문에 퇴계와 율곡의 학문이 활발한 교류를 통해 융합되는 면모를 보였다. 이러한 학문적 유산은 후에 인물성 同論의 이론적 확립에 큰 영향을 끼쳤던 **김창협(金昌協)**[10]으로 이어졌다. 반면, 호서 지역은 서울·경기 지

---

10) 후술하게 될 호락논쟁의 인물성동이(人物性同異)에 관한 문제를 처음 제기한 이가 바로 김창협이다. 그는 스승인 송시열에게 **사서삼경** 중 『맹자(孟子)』와 『중용(中庸)』에서 주자의 말이 각기 모순되는 점을 질문하였다. 그는 『맹자』 「생지위성장(生之謂性章)」에서 주희가 "리(理)로써 말한다면 인의예지(仁義禮智)의 품수가 어찌 물(物)이 얻은 바로 온전할 수가 있겠는가?" 하였으니, 『중용』에서 주희가 말한 "인과 물이 각각 품부된 리(理)를 얻어서 건순오상(健順五常)의 덕이 되었다."고 한 말과는 서로 다르다며 문제를 제기하였다(배종호, 1978). 김창협은 이 문제에 대해 성(性)에 편전(偏全)이 있을 수 없다고 생각하였다. 이에 대한 송시열의 대답은 불분명하나 그의 학맥을 이은 권상하·한원진이 모두 인물성 異論을 주장하는 것으로 보아 송시열의 생각을 미루어 짐작

김창협(金昌協, 1651~1708)

조선 후기의 문신이자 성리학자이다. 본관은 안동(安東), 자는 중화(仲和), 호는 농암(農巖)·삼주(三洲)이다. 김상헌의 증손자이며, 아버지 김수항(金壽恒)이 기사환국에 사사(賜死)되자 은거하며 성리학 연구에 몰두했다. 호락논쟁에서 낙론인 인물성同論을 주장했다. 주요 저서로는『농암집』,『주자대전차의문목』,『논어상설』,『오자수언』,『이가시선』등이 있다.

역과 다르게 학문의 순정화(純正化) 현상이 발생하였는데, 이는 우암의 '주자학 절대화와 이단 시비'를 통해 알 수 있다.

　이러한 사상적 차이로 인해 두 세력은 인조 때 청과의 척화(斥和)·주화(主和)론 논의가 발생하여 정치적으로 대립하기에 이른다. 이후 효종·현종 연간 **한당(漢黨)**과 **산당(山黨)**이라는 정치집단의 탄생은 단순히 지역적 차이가 아니라 사상의 대립에 따른 결과라고 볼 수 있다(조성산, 2007: 29–30). 정치적 분화뿐만 아니라, 구체적인 정책으로 표면화된 사례로는 **대동법(大同法)** 시행을 놓고 벌인 잠곡(潛谷) **김육(金堉)**과 신독재(愼獨齋) **김집(金集)**의 갈등을 들 수 있다. 김육의 한당이 안민익국(安民益國)이라는 경세 이념을 바탕으로 대동법과 같은 개혁론을 펼쳤다면, 김집을 비롯한 산당 계열은 그들이 생각하는 대의명분(大義名分) 중심의 개혁론을 펼쳤다.[11] 한당의 정책이 중앙의 입장을

　할 수 있다.

11) 흔히 갖는 오해와 달리 산당(山黨)은 대동법을 전면 반대하지는 않았다. 대동법은 율곡의 수미법(收米法)을 기반으로 한 정책이었기 때문에 그 취지와 목적에 산당 역시 동의하였다. 다만 중앙의 입장만 고려한 한당과 달리 지역 기반의 산

대동법(大同法)

조선 후기 지방 특산물로 바치던 공물을 쌀로 통일하여 거둬들인 세금 제도이다. 광해군 즉위 직후 이원익(李元翼)과 한백겸(韓百謙)의 건의로 1608년 경기도에서 최초로 시행되었다. 하지만 몇 차례 시행착오를 거쳐 인조 대에 김육의 적극적인 활약으로 확대되었고, 1708년(숙종 34)에 황해도까지 실시되면서 전국적으로 확대·시행되었다.

김육(金堉, 1580~1658)

조선 중기의 명재상, 문신이자 성리학자이다. 본관은 청풍(淸風), 자는 백후(伯厚), 호는 잠곡(潛谷)·회정당(晦靜堂)이다. 대동법 시행을 적극 주창하였으며, 이를 두고 김집, 송시열, 송준길 등과 대립했다. 주요 저서로는 『잠곡유고』, 『유원총보』, 『구황촬요』, 『종덕신편』 등이 있다.

김집(金集, 1574~1656)

조선 중기의 문신이자 성리학자이다. 본관은 광산(光山), 자는 사강(士剛), 호는 신독재(愼獨齋)이다. 사계 김장생의 아들로 노론과 소론의 공동 영수이다. 주요 저서로는 『신독재문집』 등이 있다.

한당(漢黨), 산당(山黨)

한당과 산당은 대동법 시행을 두고서 대립하였다. 한당은 김육을 중심으로 대동법 시행에 찬성하였던 반면, 산당은 김집, 송시열, 송준길 등을 중심으로 이를 반대하였다.

대변한 것이라면, 산당의 정책은 지방의 입장을 견지한 것이라 할 수 있다. 산당의 정책은 농촌 경제의 안정을 바라는 향촌 지주층의 개혁론적 성격을 띠고 있었다(정만조, 1992: 530-531).

당은 지역의 현실을 고려할 때 제도 도입이 불가능에 가깝다고 지적하였다. 산당은 공안(貢案) 개정을 주장하였는데, 이는 대동법이 세제개혁을 통한 조세부담 경감을 주장하는 것과 달리 예산 절약을 통한 조세부담의 경감을 꾀하고자 하였던 것이다.

한원진(韓元震, 1682~1751)

조선 후기의 문신이자 성리학자이다. 본관은 청주(淸州), 자는 덕소(德昭), 호는 남당(南塘)이다. 수암 권상하의 문인으로 강문팔학사(江門八學士) 중 한 사람이다. 호락논쟁에서 호론인 인물성 異論을 주장했다. 주요 저서로는 『남당집』, 『경의기문록』, 『주자언론동이고』 등이 있다.

남당 한원진 초상

이간(李柬, 1677~1727)

조선 후기의 문신이자 성리학자이다. 본관은 예안(禮安), 자는 공거(公擧), 호는 외암(巍巖)·추월헌(秋月軒)이다. 수암 권상하의 문인으로 강문팔학사 중 한 사람이다. 호락논쟁에서 낙론인 인물성 同論을 주장했다. 주요 저서로는 『외암유고』 등이 있다.

이러한 대립 구도가 17세기 초부터 계속 이어져 왔기 때문에 호락논쟁이 발생한 18세기 중·후반의 학자들은 낙하와 호서라는 두 지역과 사상적 집단의 존재를 의식할 수밖에 없었을 것이다. 특히 호락논쟁의 대표 학자로 꼽히는 남당(南塘) **한원진(韓元震)**과 외암(巍巖) **이간(李柬)**의 경우, 그 둘의 의견 대립은 단순히 개인적 차원이 아니라 그들이 대표하는 지역과 사상의 발로라고 볼 수 있다. 남당은 수암(遂菴) 권상하(權尙夏)의 사상을 이어받은 적통이었고, 외암은 수암 밑에서 수학하긴 하였으나 그 배경이 낙하 지역이었다. 따라서 외암과 남당의 사상에 대한 지지가 각각 지역별로 나뉘게 된 것은 어쩌면 필연적이라고 할 수 있다. 상술된 역사적 흐름을 살펴보았을 때 호락논쟁은 단순히 외암과 남당의 개인적 대립이라기보다 낙하와 호서 지역, 두 집단 간의 정치적·학술적 논쟁으로 봐야 타당하다.

3. 호락논쟁과 인물성동이론의 사상과 정책

수암 권상하 묘소_전홍식 사진 제공

조선의 당쟁을 두고서 오늘날 사람들이 가지는 일반적인 오해는 당면한 현안에 대해서는 논하지 않고 형이상학적 논의와 대결에만 심혈을 기울였다는 것이다. 하지만 이는 당시 성리학이 가지고 있던 위치와 실제 현실 적용에 대한 오해에서 비롯된 것이다. 성리학은 지금으로 보면 정치학, 경제학, 행정학, 사회학 등 주요 사회과학 학문의 위치에 있었으며, 성리학적 관점과 이론을 바탕으로 국가를 운영하였다. 따라서 성리학에 능통해야 우수한 관료였으며, 모든 사안은 성리학적 관점과 이론에 근거하여 해결해야 했다. 북송(北宋)의 정치를 살펴보면, 국가와 사회의 경영에 있어 성리학의 관심은 기본적으로 제도에 있지 않고 그 제도를 운영하는 인간에 있었다는 것을 알 수 있다(손영식, 2013). 모든 현상이 인간의 본성에 따른다고 생각하였기 때문에 인간 본성에 대한 이해가 선행되어야 문제 해결의 실마리를 얻을 수 있다고 보았다. 따라서 조선의 성리학자들은 현실을 외면했던 철학자들이 아니라 누구보다 현실 사안에 관심

황강영당 및 수암사

황강영당(黃江影堂) 및 수암사(遂庵祠)

황강영당은 본래 1726년(영조 2)에 창건되어 다음 해에 황강서원(黃江書院)으로 사액을 받았다. 그 후 1871년에 서원철폐령에 따라 황강영당으로 개칭되었으며 그 자리에 송시열(宋時烈)·권상하(權尙夏)·한원진(韓元震)·권욱(權煜)·윤봉구(尹鳳九) 5인의 영정이 모셔졌다. 수암사는 황강영당과 담장 사이에 위치하며 권상하의 위패를 봉안하고 있다.

강문팔학사(江門八學士)

수암 권상하의 뛰어난 여덟 명의 제자들을 일컬으며 '호중팔학사(湖中八學士)'로도 불린다. 대체로 남당(南塘) 한원진(韓元震), 외암(巍巖) 이간(李柬), 병계(屛溪) 윤봉구(尹鳳九), 매봉(梅峰) 최징후(崔徵厚), 추담(秋潭) 성만징(成晚徵), 관봉(冠峯) 현상벽(玄尙璧), 봉암(鳳巖) 채지홍(蔡之洪), 암촌(岩村) 한홍조(韓弘祚) 등을 지칭하며, 천서(泉西) 윤혼(尹焜), 화암(華巖) 이이근(李頤根)을 넣기도 한다.

이 많았던 관료·정치 세력이었다. 제도 자체보다 그 제도를 운용하는 인간에 관한 관심은 자연스럽게 심성론(心性論)에 관한 정밀한 탐구로 이어졌던 것이다(조성산, 2007). 호락논쟁이 흔히 '심성논쟁(心性論爭)'이라 불리는 연유도 바로 여기에 있는 것이다.

호락논쟁은 수암 권상하의 문인들인 **강문팔학사(江門八學士)** 사이에서 처음 제기되었다. 그 중 남당 한원진과 외암 이간이 논의의 중심에 있었다. 이들은 먼저 본성론(本性論)의 연장선상에서 인간의 본성〔人性〕과 동물의 본성〔物性〕의 같고 다름을 논하였다〔人物性同異論〕. 일차적으로 이들 간의 논쟁은 스승인 수암이 남당의 인물성이(人物性異)를 지지하는 것으로 일단락되었다. 하지만 당시 논쟁은 엄격한 의미에서 지역 간 논쟁을 의미하는 '호락논쟁'으로 보기는 힘들다(조성산, 2007). 해당 논쟁이 지역 간 학풍의 차이를 반영하는 호서 노론과 낙하 노론 간의 논쟁으로 본격화된 것은 도암(陶菴) **이재(李縡)**를 비롯한 낙하 노론 학자들이 가담한 이후부터였다.[12] 낙하 노론은 기본적으로 이간의 주장에 동조하였다. 이들은 한원진을 비롯한 호론을 두고 "천하 사람들이 선으로 가는 길을 막는다(沮天下爲善之路)."고 비판하였다. 즉, 호론의 사상 체계를 천하 사람이 선하게 되는 길을 막는 위험한 사상으로 간주한 것이다(조성산, 2007). 반면, 호론은 낙론을 가리켜 결국에는 '분별없는(無分)' 논의에 빠지고 말 것이라고 우려하였다. 호론은 낙론의 인물성동(人物性同) 주장에 크게 반발하며 사람과 짐승을 구분하지 않는 '인수무분(人獸無分)'의 위험성을 지적하였다(조성산, 2007; 김인규, 2011). 두 집단 간 대립은 물(物)에 대한 해석에서 큰 차이를 보였다. 호론은 사물을 금수와 같은 뜻으로 해석하는 경향이 컸다. 낙론은 물(物)을 객관 세계를 지칭하는 말인 외물(外物)과 비아(非我)의 의미로

---

12) 이재가 '한천시(寒泉詩)'를 짓고 이에 대한 응답으로 한원진이 '제한천시후(題寒泉詩後)'를 지어 이재의 학설을 비판하였다(조성산, 2007; 이천승, 2020; 이경구, 2015/10/23). 이후 호론과 낙론은 각기 지역의 학문으로 고착화되기 시작하였다.

강당사(좌)/관선재(우)

사용하여 사람의 성과 짐승의 성이 그대로 같다는 의미로 인식하는
우를 피할 수 있었다(조성산, 2007).

인물성동이론은 사람의 '성선(性善)'을 정합적으로 설명하고자 한
노력이었다. 그러나 낙론은 본연성(本然性)이 지닌 선의 본래적 절대성
을 강조한 반면, 호론은 본연성이 지닌 선의 이질적이고 독특한 고귀
성을 주장하였다(윤사순, 1997). 이러한 차이가 발생한 이유는 낙론이
'이통(理通)'의 관점에서 보편성을 중시한 것과 달리, 호론은 '기국(氣
局)'의 관점에서 차별성을 중시하였기 때문이다(理通氣局論). 낙론과 호
론은 성선(性善)을 설명하기 위한 목적은 같았지만 그것을 풀어내는

방식은 달랐다고 할 수 있다(조성산, 2003; 이천승; 2005; 문석윤, 2006). 첫
째는 일리(一理)의 보편성(普遍性)과 주재성(主宰性)을 어떻게 이해할 것
인가의 문제고, 둘째는 기(氣)를 어떻게 인식할 것인가의 문제다(문석
윤, 1995).[13] 낙론과 호론의 차이를 이기론(理氣論)적 차원에서 구체적
으로 정리하면 다음과 같다.

　　낙론은 '리(理)'의 보편성과 주재성을 강조한 김창협 · **김창흡(金昌
翕)** 형제의 논리를 계승하였다. 이들은 모든 사물 속에 균등히 내재되
어 있는 '리'를 강조하였다. 그리고 이러한 '리'의 보편성과 주재성을
좀 더 확실하게 정의하기 위해 '리'를 다시 본래 모습 그대로 발현시켜
줄 수 있는 매개체로 '깨끗한 기'를 설정하고자 하였다. 이들의 이론에
따르면, '리'와 '기'는 서로 떨어질 수 없기에〔理氣不相離〕'기'가 순수하
고 깨끗해야만 '리'도 자신의 순수함을 제대로 드러낼 수 있다고 생각
했다. 반면, 호론의 경우 '기'를 형기지사(形氣之私)로 인식하여 기질

---

13) 이것은 '리(理)'와 '기(氣)'가 별개로 인식될 수 없어 '리'를 논할 때 '기'를 빼놓
　　고 이야기할 수 없으며, 반대로 '기'를 논할 때 이미 '리'의 성격과 의미가 내재
　　되어 있기 때문이다(조성산, 2007).

외암 이간 묘소(위) 및 사당(가운데), 외암집(아래)_이천승 사진 제공

(氣質)의 의미로 파악하려 하였다. 따라서 기질과 관련하면 '리'는 다른 이름을 가질 수밖에 없었다. 한원진은 '리'는 본래 하나이지만 세 가지로 달리 일컬을 수 있다는 **성삼층설(性三層說)**을 주장하였다.[14] 첫째, 초형기(超形氣)의 성은 기질의 영향을 전혀 받지 않으며 인간을 비롯한 모든 사물이 갖추고 있는 성으로, 태극(太極)이라 부른다. 둘째, 인기질(因氣質)의 성은 "인간의 본성을 고찰하는 성삼층설의 핵심이며, 인간과 여타 존재물을 구분하는 인간의 고유한 본연지성"으로 건순오상(健順五常)이라 이름한다. 셋째, 잡기질(雜氣質)의 성은 "인간을 포함하는 모든 사물을 다르게 구분하는 성"으로 선악 등 인간마다 개별적 차별

---

14) 『南塘集』卷11, 「擬答李公擧」. "理本一也. 而有以超形氣而言者, 有以因氣質而名者, 有以雜氣質而言者. 超形氣而言. 則'太極'之稱是也, 而萬物之理同矣. 因氣質而名, 則'健順五常'之名是也, 而人物之性不同矣. 雜氣質而言. 則'善惡之性'是也, 而人人物物又不同矣." "리(理)는 본래 하나입니다. 그런데 형기를 초월하여[超形氣] 말하는 것이 있고, 기질로 인하여[因氣質] 이름 지은 것이 있고, 기질을 섞어서[雜氣質] 말한 것이 있습니다. 형기를 초월하여 말하면 '태극(太極)'이라는 명칭이 이것으로 만물의 리가 동일합니다. 기질로 인하여 이름 지으면, 곧 '건순오상(健順五常)'의 명칭이 이것으로 사람과 물(物)의 성이 같지 않습니다. 기질을 섞어서 말하면 '선악의 성[善惡之性]'이 이것으로 사람과 사람, 사물과 사물의 성이 또한 같지 않습니다." 조지선(2018: 345) 재인용.

양곡사

성이 나타난다. 즉, 사람은 각기 다른 잡기질의 성을 타고난다(조지선, 2018: 344–348).

이러한 '리'와 '기' 그리고 그 관계성에 대한 인식 차이는 결국 인물성동이(人物性同異)·성범심동이(聖凡心同異) 논쟁으로 표현되었다. 낙론은 천리(天理)[15]가 인(人)과 물(物), 성인(聖人)과 범인(凡人)이라고 하는, 밖으로 드러나는 차별적 상태를 넘어 어디에서나 동일하고 보편적이라고 믿었다(이천승, 2012). 이와 같은 관점에서 낙론은 천리의 구현인 본연지성(本然之性)은 人과 物이 차이 없이 같으며, 심의 미발(未發) 상태에서는 성인과 범인의 심체(心體)가 같다고 주장하였다(조성산,

---

15) 천기론(天機論)의 많은 개념 중 하나로 기(氣)보다 리(理)에 집중한 개념이다.

남당 한원진 묘소(좌)/경의기문록(우)

2007). 특히 '깨끗한 심기(心氣)' 관념을 통한 천리의 온전한 발현은 성범심동론(聖凡心同論)의 이론적 배경이 되었다. 낙론은 일리(一理)가 인·물, 성인·범인을 넘어 동일하다는 것으로 이통적(理統的) 관점에서 同論을 주장할 수 있었다(이천승, 2014). 이는 본연지성이 가지고 있는 선(善)의 본래적 절대성을 강조한 것이다.

반면, 호론은 본연지성도 일단 리(理)가 아닌 성(性)인 이상 기질에 영향을 받아서 청탁수박(淸濁粹駁)의 차이가 생길 수밖에 없으니, 사람만이 오상(五常)을 구비하고 사물은 오상을 구비할 수 없다고 여겼다(조성산, 2007). 이는 성인과 범인의 미발심체(未發心體) 문제에서도 마찬가지라는 것이다. 호론은 마음이 일단 '기'인 이상 청탁수박이 있

표 2-1 호락논쟁의 이론적 구분

분류	세부	내용	통합적 구분법
미발심론 (未發心論)	성범심동론 (聖凡心同論)	미발(未發) 상태의 마음은 성인과 범인이 같음	낙론(洛論)
	성범심이론 (聖凡心異論)	미발(未發) 상태의 마음은 성인과 범인이 다름	호론(湖論)
인물성동이론 (人物性同異論)	인물성동론 (人物性同論)	인(人)·물(物)의 본성은 같음	낙론(洛論)
	인물성이론 (人物性異論)	인(人)·물(物)의 본성은 다름	호론(湖論)

어 일정할 수 없고, 따라서 성인과 범인의 심체는 다를 수밖에 없다고 인식하였다(조성산, 2007). 이를 요약 정리하면 〈표 2-1〉과 같다.

이러한 낙론과 호론의 차이는 결국 사상과 경세관의 차이로 귀결되었다(조성산, 2007). 그들이 상호 간에 비판한 내용을 살펴보면, 결국 수양론의 측면에서 '낙관주의적 성향(洛論)'과 '엄격주의적 성향(湖論)'의 대립이었음을 알 수 있다(조성산, 2007). 낙론은 공부와 수양을 쉽게 하여 많은 사람이 빠르게 일정한 도덕적 경지에 이르도록 하는 것을 목표로 하였던 반면, 호론은 성인과 범인의 엄격한 분별을 강조하여 수양 주체로 하여금 더 큰 노력을 기울여 수양을 완성하도록 하는 데 목표를 두었다(조성산, 2007). 이 둘의 차이는 당시 노론이 맞닥뜨린 여러 사회문제에 응용하여 적용될 수 있었다.

예를 들면, 낙론의 사유와 교화론은 대청(對淸) 관계에서 화이론(華夷論)을 극복하고 북학 사상(北學 思想)으로 발전하였고, 탕평정국에서는 성선론과 소인 교화론을 명분으로 다른 당파를 일부 포용하는 모습으로 나타나기도 하였다(조성산, 2007). 낙론계는 다양한 정치세력으로 분화되어 영조·정조 대에는 **완론 탕평론(緩論 蕩平論), 의리 탕평**

완론 탕평론(緩論 蕩平論), 의리 탕평론(義理 蕩平論)

영조 대에는 각 붕당의 온건파(완론)에게 권력을 주어 탕평정치를 실시하였는데, 이를 '완론 탕평론'이라 부른다. '호대쌍거론(互對雙擧論)'의 원칙에 따라 각 붕당의 인재를 골고루 등용하였고 각 붕당의 강경파(준론)는 등용하지 않았다. 정조 대에는 정치적 정당성을 강조하고 의리(義理)와 준론(峻論)을 탕평정치의 기조로 삼았는데, 이를 '의리 탕평론' 혹은 '준론 탕평론'이라 부른다.

부홍파(扶洪派), 공홍파(攻洪派)

노론 내부에서 혜경궁 홍씨의 친정아버지 홍봉한(洪鳳漢)을 지지하는 정치세력인 '부홍파'와 이들의 대척점에 섰던 정치세력인 '공홍파'로 나눠 다투었다. 이 두 세력 간의 갈등과 알력에서 사도세자가 8일 동안 뒤주에 갇혀 죽게 되는 임오화변(壬午禍變, 1762)이 발생했다.

청명당(淸明黨)

청명당은 노론 내 성리학의 원칙을 충실히 지키고자 하는 원칙주의자, 원리주의자들로 구성되었으며, 남당(南黨), 청명파, 청류파 등으로도 불린다. 이들 정치집단은 외척세력 및 탕평파에 반대하였으며, 후에 노론 내 벽파로 이어졌다.

론(義理 蕩平論), **부홍파**(扶洪派), **공홍파**(攻洪派)에, 영조 후반기에는 일부가 **청명당**(淸明黨)에 가담하기도 하였다(조성산, 2007). 정조 대에는 안동 김씨를 중심으로 시파(時派)에 가담하는 자가 많았는데, 이들은 탕평정국에 탄력적으로 대처해 나갔다(조성산, 2007).

반면, 호론은 이와 대조적인 양상을 보였다. 한원진이 강경한 노론 의리론을 견지했던 사상적 배경에는 심성론이 크게 작용하고 있었다. 한원진은 성삼층설을 통해 모든 사람이 공통으로 가지고 있다고 믿었던 본연지성조차 개별적 차별성을 갖는 기질지성의 범주에서 이해하고자 하였다(조성산, 2003). 한원진은 성인과 범인이 미발심체의 단계에서부터 차이가 있다고 생각하였다. 한원진은 계층적인 신분관을 가지고 있었고 지주제를 강하게 옹호하고 있었다(유초하, 1994). 한원진의 심성론이 정치 논리로 현실화·구체화되면 노론만이 '군자당(君子黨)'이라는 노론 일당 정치론으로 나타날 수 있었다(김준석, 2003). 이렇게 사람과 사람 간의 본질적 차이를 논하는 심성론에서 소론과 남인을 군자로서 포섭할 수 있다는 **조정론(調停論)**과 **조제론(調劑論)**은 힘을 얻기가 어려웠다(조성산, 2007). 실제로 **신임옥사(辛壬獄事)**를 거치고 난 이후 노론과 소론 사이의 당쟁은 이미 군자·소인론의 단계를 넘어 충역시비(忠逆是非)로 치닫고 있었다. 이 상황에서 당색 간의 **조제보합론(調劑保合論)**은 사실상 설 자리를 잃고 말았다(조성산, 2007).

한원진뿐만 아니라 호론의 전반적인 정치 동향을 살펴보면, 일부 예외적인 사례를 제외하고는 비교적 단일한 대오의 모습을 보여주었다. 그들은 노론 의리론을 강경하게 주장하면서 영조·정조 대 탕평정국에 비타협적인 모습을 유지해 나갔다. 이와 같은 한원진의 사상은 호서 지역 향촌 사회에서 오랫동안 생명력을 유지하며 19세기 후반 위정척사(衛正斥邪) 운동으로까지 일부 연결되었다(김상기, 1995).

4. 호락논쟁과 인물성동이론의 역사적 적용 사례[16]

상술된 호락논쟁이 철학적 학술논쟁으로만 끝났다면 현실적 의미가 크지 않겠으나, 18세기 후반 조선은 이러한 논쟁의 결과물을 실제 정책과 제도에 적용하였다(조성산, 1997). 당시 사회는 종족의 관점에선 인간이지만 금수와 비슷한 존재로 여겼던 계급의 존재를 정당화했다. 천민은 비록 인간이지만 금수로 취급당했고, 성리학적 질서하에서 교화의 대상조차 되지 않았다. 반상의 구분이 철저했던 조선 전기에는

---

16) 호락논쟁과 인물성동이론의 역사적 적용 사례는 정회원·남태우(2020)의 논의를 수정·확장하였음을 밝힌다.

이러한 해석이 별다른 사회문제를 초래하지 않았지만, 17세기를 거치면서 다양한 사회 변화를 겪으며 기존의 신분 질서가 크게 흔들리기 시작했다(조성산, 2006). 이에 영조·정조 대의 정책결정자들은 신분제도를 대폭 개선할 필요성을 인지하고 있었다. 정책의제 형성 과정에서는 同論과 異論 간에 큰 차이가 없었다. 이미 큰 사회문제로 대두되고 있었기 때문이다. 하지만 정책결정 과정에서 신분 질서를 해석하고 이에 대응하는 정책수단을 설계하는 데에 이르러서는 본질적으로 상이한 입장을 취하였다(조성산, 2006).

먼저 同論은 인(人)·물(物)의 본성은 같다고 보았으므로 신분제 완화 또는 철폐의 입장을 취하고 있었다. 가장 대표적인 정책으로 정조 대에 내시노비제(內寺奴婢制)의 혁파를 들 수 있다(조성산, 2006). 반면, 異論은 오히려 신분제 강화를 주장하였다. 18세기 후반 조선의 경제구조는 농업 일변도의 사회에서 상업 자본이 형성되는 시기로 변모하면서 전통적 신분 질서를 뒤흔들고 있었다(조성산, 1997). 토지를 기반으로 한 향촌 사대부들은 원래 상민에 비해 경제적 우위를 점하고 있었으나, 신분적으로는 우위에 있되 경제적으로 몰락한 잔반의 경우 경제적 지위가 역전되었던 것이다(조성산, 1997). 주로 호서 지역(충청권)을 중심으로 응집한 異論 지지층은 신분제 강화를 주장했던 반면, 낙하 지역(서울·경기권)을 중심으로 중앙 정치에 익숙한 同論 지지층은 실용주의적 차원에서 신분제 완화를 긍정적으로 바라봤다(유초하, 1994).

인물성동이론은 신분제와 같은 사회적 문제에만 국한된 것은 아니었다. 인(人)·물(物)을 정치적 입장으로 보면, 人은 당시 집권정당이던 노론, 物은 소론·남인을 비롯한 야당을 의미한다(조성산, 1997). 同論은 야당을 정치에 참여시키고자 했지만, 異論은 이들을 배제하고자 하였다. 조선의 붕당정치는 정당의 의미 외에 학파적 의미도 담겨있었는데, 정당의 의미는 중앙에서, 학파적 의미는 지방에서 주로 발휘되었다. 17세기까지는 실질적으로 정책을 펼치는 중앙 정치와 함께 지방 여론을 수렴하여 영향력을 행사하는 지방정치가 나름대로 조화를 이루고 있었다. 하지만 호락논쟁기에 접어들면서 중앙과 지방의 괴리가 극심해지며 정치·행정적 세력과 학술적 세력 간의 대립이 발생하였다(조성산, 2007). 중앙 정치와 깊게 연관된 同論주의자가 유연한 정치적 태도를 보였던 반면, 異論주의자는 학문의 순정화를 고집하여 경직된 정치적 태도를 보였다.

한편, 인물성동이론은 조선의 외교정책에도 큰 영향을 미쳤다. 대외관계에 인(人)·물(物)을 적용하면 人은 중화, 物은 오랑캐가 된다. 당시 동북아 국제관계에서 오랑캐는 청나라가 되는데, 同論은 청의 문물을 적극적으로 받아들이자고 주장했던 반면, 異論은 청을 배척하고 북벌론을 주장하였다(조성산, 1997). 마찬가지로 경화사족(京華士族)으로 구성된 同論 지지층은 외교에 있어 현실론을 지향했던 반면, 지방 사족으로 구성된 異論 지지층은 도덕적 명분론에 경도되어 있었다. 同論은 후에 북학파를 거쳐 구한말 개화파로 명맥이 이어진 반면, 異論은 위정척사파로 이어지게 되었다(조성산, 2007). 상술한 바와 같이, 인물성동이론은 인간 본연과 그 외적인 것을 개념화하고 이들 간의 관계를 설정함으로써 사회현상을 바라보고 이해하는 보편적 접근법으로 활용될 잠재성을 갖고 있었다.

조선의 붕당정치

조선의 붕당정치는 조선 중기 선조 대 외척에 대한 태도의 차이로 동서 분당이 발생한 것을 기원으로 보는 경향이 강하다. 그러나 현대 정치와 마찬가지로 정치적 결사단체는 어느 한순간에 갑자기 생겨나는 게 아니다. 로마가 하루아침에 만들어지지 않은 것과 같이, 사람과 사람 간 견해 차이는 그간 축적된 역사와 무관할 수 없기 때문이다.

〈심화 표 2−1〉에서 조선의 붕당 역사를 확인할 수 있듯이, 동서 분당은 선조 대에 완전히 자리 잡은 사림파의 정치적 분열로 볼 여지가 크더라도 척신(戚臣)에 비교적 우호적이었던 서인과 강경하게 배척해야 한다는 동인의 인식 차이에서 비롯되었다.

서인에는 몰락한 훈구파가 흡수되었는데, 당시 훈구파는 경화사족이자 명문거족에 해당한 가문들이 많았다. 이들의 기반은 지방이 아니라 다름 아닌 한양이었다. 그리고 중앙 정치와 연관이 깊던 이들은 왕실과의 혼사와 무관한 관계가 아니었다. 따라서 '척신에 대해 온건하였다.'라는 오늘날의 분석은 이들 서인의 통합된 입장이었다기보다 구성원의 출신이 다양했던 서인에서 척신에 대한 당론의 일치가 어려웠던 게 아닌가 싶다. 아울러 서인의 경우 동인과 달리 조정에 진출한

심화 표 2-1 조선의 붕당 계보17)

관학파(官學派)						
훈구파(勳舊派)	사림파(士林派)					
서인(西人)	동인(東人)					
서인(西人)	북인(北人)					남인(南人)
서인	대북(大北)		소북(小北)			남인(南人)
서인	육북(肉北)	골북(骨北)	중북(中北)	탁북(濁北)	청북(淸北)	
서인	■	■	중북(中北)	탁북(濁北)	청북(淸北)	
서인						남인
청서(淸西)/소서(少西) 척화론(斥和論)	공서(功西)/노서(老西) 주화론(主和論)		남인			
산당(山黨)	한당(漢黨)	원당(元堂)	낙당(洛黨)	근기남인(近畿南人)		
노론(老論)		소론(少論)		탁남(濁南)	청남(淸南)	영남남인(嶺南南人)
호론(湖論)	낙론(洛論)	완소(緩少)	준소(峻少)	탁남(濁南)	청남(淸南)	영남남인(嶺南南人)
벽파(僻派)	시파(時派)	완소(緩少)	■		신서(信西) · 공서(攻西)	영남남인(嶺南南人)
탕평책(蕩平策) 세도정치(勢道政治)						
위정척사파(衛正斥邪派)	개화파(開化派)					
위정척사파(衛正斥邪派)	온건개화파			급진개화파		

시기가 일렀는데, 이는 척신들이 활동한 인종·명종 대 벼슬을 하였다는 것을 의미한다. 따라서 척신에 대한 강경한 처분은 본인들과 완전히 무관하지 않았다는 점에서 조심스러울 수밖에 없었을 것이다. 반면, 동인의 경우 선조 대 관직에 진출한 경우가 많았고 경상도 기반의 가문이 많았다. 후발 주자인지라 외척의 분란과 관계가 없을 뿐더러

---

17) 〈심화 표 2-1〉에서 빗금은 원리주의 강경파, 먹색은 개량주의 온건파, 체크무늬는 탈이념적 정파를 의미한다.

그 가문과의 연계도 낮았기 때문에 강경한 주장을 펼치기가 상대적으로 자유로웠던 것으로 보인다.

이러한 이합집산의 면모는 현대의 정당정치와 유사한 면이 있는데, 정당이 분리되거나 합쳐질 때 반드시 구성원 전원이 그대로 이동하는 것은 아니라는 점이다. 이는 동서 분당 이후 무수히 발생한 붕당의 변화에도 그대로 적용되는 면이 없지 않다. 그렇기에 이후 붕당의 역사에서도 단순히 서인이 노론과 소론으로, 동인이 북인과 남인으로 분당되었다고 하여 노론과 소론은 모두 서인이고, 북인과 남인은 모두 동인이라고 파악하기에는 어려운 점이 많다. 〈심화 표 2-1〉에서 조선의 붕당 계보는 비록 정확하지는 않지만, 거시적 차원에서 해당 구성원이 후대에 어느 붕당으로 합류했는지를 개괄적으로 보여준다. 다만 시대별 붕당의 흐름과 해당 붕당의 구성원이 이전에 어디에 속해 있었는지를 개략적으로 나타낼 뿐이지 당시 각 붕당이 가진 영향력이나 정치적 비중을 나타내는 것은 아니다. 아울러 거시적 흐름을 보여주기 위한 것이므로 일부 개인의 일탈이나 이동 모습은 제대로 보여주지 못한다는 한계가 있다.[18]

붕당 간 구성원의 이동이 현대 정당정치와 비슷하다 하더라도 붕당의 분열은 현대 정당정치와 다른 점이 존재한다. 그 차이점은 바로 학문적 경향인데, 각 시기 붕당의 분열이나 통합은 정치적 변동에 의

---

18) 실제로 앞서 서술한 바와 달리, 동인이라고 훈구파가 없었던 것은 아니다. 예를 들면, 동인의 대표 인물이었던 이이첨(李爾瞻)은 조의제문(弔義帝文)을 연산군에 보고했던 이극돈(李克墩)의 후손이다. 다만 훈구파 역시 사림파와 달리 다양한 구성원의 종합이기 때문에 동질성이 높은 하나의 정치단체로 파악하는 데는 어려움이 있다. 훈구파는 사림파에 대비되는 중앙관료 집단으로 이해하는 편이 좀 더 합당하다고 생각한다.

한 것이 일차적 유발(trigger)이었지만 구성원의 이동은 철저하게 학맥을 따랐다는 점에서 특이하다고 할 수 있다.[19] 실제로 서인에서 노론과 소론의 분열은 율곡 이이와 우계 성혼의 학맥으로 구분이 가능하고, 동인에서 북인과 남인의 분열은 남명 조식과 퇴계 이황의 학맥으로 역시 구분할 수 있다. 학맥을 인물 차원에서만 분리할 것인지, 아니면 지역과 연계해서 바라볼 것인지에 대해서는 논의가 필요해 보인다. 다만 이 책의 주된 논의 대상인 호락논쟁을 학맥으로만 구분하는 것은 다소 피상적 해석에 그칠 염려가 있어 지리적 구분 또한 추가하였다.

앞서 주지한 바와 같이, 낙론의 사상이 기존 기호학파의 사상과 큰 차이를 보이는 것은 바로 조선의 붕당정치가 복잡하고 다변하였기 때문이다. 호론의 구성원이 학문의 순정화 현상과 마찬가지로 상대적으로 동질적이었던 반면, 낙론의 구성원은 다소 이질적이고 다양했던 것으로 보인다. 양난 이후 서인이 연립정권 형성을 위해 다양한 구성원을 받아들였던 것처럼, 낙론 역시 학문적·사상적 교류를 통해 노론뿐만 아니라 경기 지역 노론 외 여러 세력과 연계했기 때문이다. 낙론은 초창기 서인과 비슷하게 하나의 통일된 붕당이라기보다는 호론과 다른 견해를 가진 여러 학자와 관료들의 연립체로 파악하는 것이 더 적절해 보인다. 그럼에도 낙론을 노론에서 갈라져 나온 정치단체로 파악하는 게 대체로 쉬운 이해라 할 수 있다.

---

19) 대부분 그러했다는 것이지, 스승과 의견을 달리하거나 개인적 신념의 차이로 정치적 입장을 달리했던 경우가 조선 후기 붕당정치에서 흔하진 않지만 그렇다고 전혀 없었던 일은 아니다. 일례로 호락논쟁의 중심인물이었던 외암 이간은 적전제자는 아니었다고는 하나, 수암 권상하 밑에서 수학했는데도 명백히 권상하와 그 의견을 달리하였다.

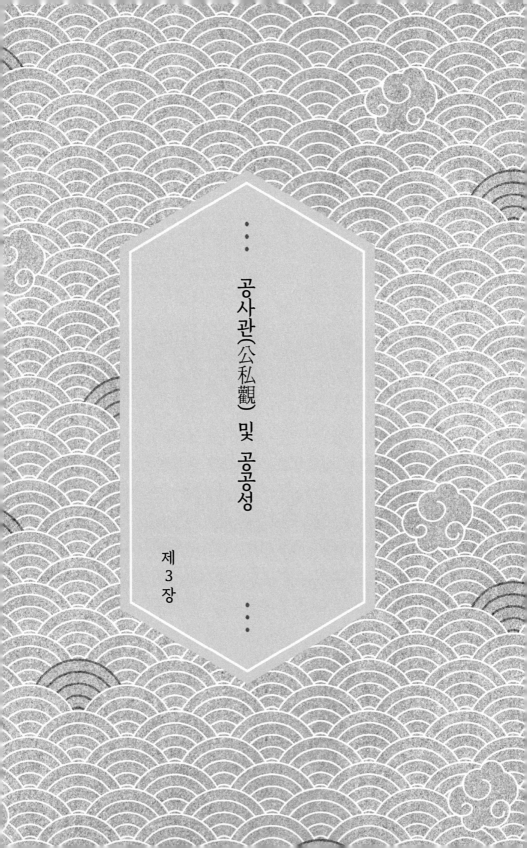

공사관(公私觀) 및 공공성

제 3 장

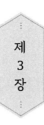

공사관公私觀 및 공공성

한국 사회에서 공공성의 침식과 위기 현상은 날로 커지고 있다. 특히 1990년대 이후 신자유주의와 신공공관리 논리가 행정학과 실제 행정에 본격적으로 도입되고 확장되면서 공공성 위기는 더욱 심각해지고 있다. 한국 사회는 시장, 개인, 경쟁, 효율성, 성과지상주의, 민영화 등 신자유주의와 신공공관리 정책을 적극적으로 수용하면서 공공영역의 잠식, 공동체정신 소멸과 공동체 와해, 소득 양극화와 불평등의 심화, 부의 세습과 빈곤층의 확대, 복지사각지대 등 공공성 위기 현상을 심각하게 경험하고 있다(배수호·홍성우, 2020). 2022년 65세 이상 노인빈곤율이 37.6%로 OECD 회원국 중 가장 높게 나타났다. 2023년 6월 현재 기초생활보장 급여 수급자는 252만 명에 달한다. 가구 소득인정액(소득과 재산을 소득으로 환산한 금액의 합)이 기준 중위소득의 40% 이하이지만 생계급여 혹은 의료급여를 받지 못하는 비수급 빈곤층은 2022년 기준 66만 명에 이른다. 이는 한국 사회의 복지사각지대 실태를 말해주며 공공성 위기가 어느 정도 심각한 것인지를 시사한다(연합뉴스TV, 2023/09/19).

공공성은 행정학의 핵심 가치이며 공공성의 실현이야말로 행정학의 존재 기반이라 할 수 있다. 공(公)과 사(私)를 어떻게 바라보는지, 공과 사를 나누는 기준은 무엇이어야 하는지, 공공성 개념을 어떻게 정의하는지에 따라 행정학의 이상과 지향점은 크게 달라진다. 하지만 공과 사의 개념이 아직 명확하게 정의되어 있지 않아 공과 사를 공적 영역과 사적 영역이라는 영역적·대립적 관계로 파악하기도 한다. 한편으로 어떤 행위가 어느 영역에 속하든 간에 윤리·도덕적 정당성을 얻으면 공(公), 정당성을 얻지 못하면 사사로움(私)으로 보기도 한다(배수호·홍성우, 2020).

이 장에서는 호락논쟁에 핵심이었던 인물성 同論과 異論 각각의 관점에서 공과 사 개념을 어떻게 정의할 수 있을 것인지 살펴본다. 특히 영역성과 윤리·도덕성의 두 측면에서 네 가지 이론 모형을 도출하고 이를 톺아본다.

1. 공사관 및 공공성[1]

동서양 모두에서 공과 사 및 공공성에 관한 고민과 논의는 오랜 역사를 거치면서 풍부하게 이뤄져 왔다. 서양 사상사에서 공과 사의 논의는 주로 영역성을 띠고서 전개되었다고 할 수 있다. 서양 역사에서 공과 사 개념은 고대 그리스 시대와 로마 시대를 거치면서 형성되

---

[1] 공사관 및 공공성에 관한 논의 내용은 배수호·홍성우(2020)를 기저로 수정·보완하였음을 밝힌다.

었다. 그리스어에 공은 '코이논(koinon)'으로 공유, 공동성을 의미하는 반면, 사는 '이디온(idion)'으로 구별, 분리를 의미한다. 고대 그리스 사회에서는 폴리스(polis)와 같은 공적 영역에 참여하여 외침을 막고 공동체의 유지와 발전에 기여하는 것을 최고의 명예로움으로 간주하였다. 반면, 가정과 같은 사적 영역에서 경제 활동을 포함한 사적 생활은 어떠한 보상과 명예도 따르지 않았다(임의영, 2019: 20-21). 라틴어 '푸블리쿠스(publicus)'는 공(public)의 어원으로 인민(people)을 의미하는 '포풀루스(populus)'에서 파생되었다고 한다. 당시 로마에서 인민이라는 말은 오늘날 '국가'라는 의미를 품고 있었다. 로마 시대에 공은 시민 자격을 갖춘 자만이 공적인 활동에 참여할 수 있었기 때문에 "인격적 성숙"을 의미하였던 반면, 사는 시민 자격을 갖추지 못한 사람은 공적인 활동에 참여할 수 없었으므로 "인격적 결핍"을 의미하였다(임의영, 2019: 23-24). 이러한 공과 사 개념과 인식은 로마 멸망 후 중세 시대에도 지속되었다.

18세기 계몽주의의 발흥으로 개인과 사적 영역을 바라보는 관점에 큰 전환이 이뤄지게 되었다. 개인은 신과 국가의 속박에서 벗어난 자유로운 존재이며 자신의 이성으로 스스로 개척해나갈 수 있는 주체로서 인식되기 시작하였다. 이는 사적 소유권의 인정, 사적 영역에서 개인 활동의 긍정 등 사적 권리를 보장받으며 사적 영역은 정당화되고 확장되었다. 고전적 자유주의자들은 공적 영역이 사적 영역을 침범하는 것을 극도로 경계하였고 사적 권리의 신장을 위해 공적 영역에 의한 간섭을 축소하여야 한다고 주장하였다(김도영·배수호, 2016).

서양 역사에서 공과 사 및 공공성에 관한 논의는 공적 영역과 사적 영역의 대립 구도 속에서 진행되었으며, '어떤 영역이 더 훌륭하고 가치 있는 영역인가'라는 가치 문제와 연결되어 있었다. 고대 그리스와 로마에서는 시민의 의무, 명예로운 일, 공동체, 공동소유, 공동재산, 공동관심사, 공동선 등의 담론을 통해 사적 영역에 비해 공적 영역이 더 훌륭하고 가치 있는 영역으로 정당화되었다. 근대 이후 자유주의 전통에서는 개인의 자유와 권리, 사적 소유권 등의 담론으로 사적 영역의 보호와 확장을 시도해왔다. 공화주의와 공동체주의 전통에서는 공동선, 도덕적 공동체의 와해, 자본주의에 의한 생활세계의 침범과 위기 등의 담론을 통해 공적 영역의 확장을 꾀하여 왔다고 할 수 있다(김도영·배수호, 2016; 임의영, 2019: 24-25).

이렇게 서양은 고대 그리스 사회에서부터 영역적 차원에서 공과 사를 접근하였고 서로를 대립적인 긴장 관계로 파악해왔다. 시민 자격을 갖춘 사람만이 공적 영역에서 참여와 활동을 할 수 있었으며, 사적 영역에서의 활동은 시민 자격이 없는 여성, 노예, 어린이 등이 담당하는 것으로 간주되었다. 당시에는 공적 영역이 사적 영역보다 우위를 점하고 있었다. 이후 서양 역사에서 공과 사는 길항관계 속에서 공적·사적 영역의 확장과 축소를 경험해 왔다. 중세에서 근대로 접어들면서 사적 소유권을 비롯한 개인의 권리가 점차 보호받게 되었고, 개인은 신이나 국가로부터 독립된 자유로운 존재로 인식되기 시작하였다. 이후에 사적 영역이 더욱 인정받고 확장되기에 이르렀다. 영역성의 측면에서 공은 人, 共, 他, public, others 등의 의미를 담고 있으며, 사는 己, 我, private, self, ego 등의 의미를 지니고 있다. 〈그림 3-1〉은 윤리·도덕성 측면의 공사관을 세로축으로, 영역성 측면의 공사관을 가로

그림 3-1 공사관(公私觀) 분석을 위한 통합적 개념틀

```
                        公(義, 善, 仁, 良心, 直心, righteous)
                                    │
   가로축:          己(我,     2 사분면 │ 1 사분면      共(人, 他,
   영역·대립적      private,  ────────┼────────        public,
   공사관          self, ego)  3 사분면 │ 4 사분면      others)
                                    │
                        私(不義, 不善, 不仁, 非良心, 慾心, wrong)
                            세로축: 윤리·도덕적 공사관
```

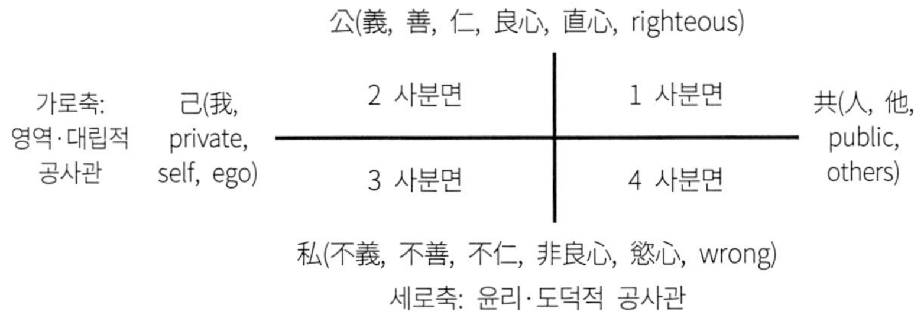

출처: 배수호·홍성우(2020) 재인용.

축으로 하는 '공사관 분석을 위한 통합적 개념틀'을 제시하고 있다.

이렇게 볼 때 서양 사상의 공사관에서 대체로 공(公)은 〈그림 3-1〉에서 보는 바와 같이 1 사분면과 4 사분면에 해당하는 것으로 파악된다.

반면, 동양 사상사에서 공과 사 개념은 영역성뿐만 아니라 윤리성과 도덕성을 함께 포함하여 폭넓게 논의되어 왔다. 특히 공맹(孔孟) 사상과 이를 계승한 성리학 전통에서는 개인, 통치자 및 공공부문의 언행이나 정책에서 그 윤리적·도덕적 정당성 여부에 따라 공과 사에 대한 판단이 이뤄져 왔다는 사실이다. 즉, 윤리·도덕적 측면에서 정당성을 확보할 수 있으면 이는 곧 공(公)이지만, 정당성 확보에 실패하면 이는 사사로움[私]으로 판명된다. 따라서 공은 義, 善, 仁, 良心, 直心, righteous 등의 의미를, 사는 不義, 不善, 不仁, 非良心, 慾心, wrong 등의 의미를 지니고 있다. 〈그림 3-1〉에서 보듯이, 공맹 사상과 성리학 전통에서 공은 1 사분면과 2 사분면에 해당하는 것으로 파악된다.

서양 사상에서 말하는 영역성의 측면에서 공과 사 개념이 동양 사상에서 아예 존재하지 않았던 것은 아니다. 여러 제자백가(諸子百家)

사상에는 영역성의 측면에서 공과 사 개념이 폭넓게 담겨있다. 영역성의 측면에서 바라보면, 공적 영역과 사적 영역 간의 역할과 비중에 있어 대립성과 상대성은 강하게 나타나기 마련이다. 즉, 상대적으로 공적 영역의 확장은 사적 영역의 축소를, 사적 영역의 확장은 공적 영역의 축소를 의미한다.

학계에서 공과 사 개념 및 공공성에 관련한 연구는 활발하게 진행되어왔다. 기존 연구에서는 공공성의 기원, 개념, 특성, 유형 등에 관한 의미 있는 시도들이 이뤄져 왔다. 이제까지 진행된 공공성 연구는 동양과 서양 전통에서 공과 사 및 공공성의 역사적 시원과 변천에 관한 연구(백완기, 2007; 채장수, 2009; 허남결, 2013; 임의영, 2019: 15 - 26), 공공성의 특성에 관한 연구(소영진, 2003; 임의영; 2003; 백완기, 2007; 채장수, 2009), 공공성의 유형에 관한 연구(이주하, 2010; 임의영, 2010, 2019; 김창진 외, 2020; 정회원 외, 2021), 공공성 확보를 위한 실천에 관한 연구(임의영, 2019) 등으로 대별할 수 있다.

상술된 바와 같이 동양 전통에서 공과 사는 윤리·도덕적 차원과 영역적 차원에서 공과 사 개념이 함께 다뤄져 왔다. 하지만 동양 사상사에서 주류를 형성해왔던 유가사상, 특히 공맹사상은 영역성보다는 상대적으로 윤리·도덕성의 차원에서 공과 사 및 공공성의 개념적 특성을 더욱 주목하고 이를 강조하였다는 것은 명백한 사실이다. 특히 성리학 전통이 강하게 지배했던 우리 사회에서 윤리·도덕적 차원의 공사관 이해와 공공성 접근은 더욱 강조될 수밖에 없었다(나종석, 2013; 배병삼, 2013). 한편, 서양 전통에서는 상대적으로 영역적 차원에서 공과 사 및 공공성의 이해와 접근을 강조하였고 공적·사적 영역은 상호

배타적이고 대립적인 관계를 형성하는 것으로 이해하였다(백완기, 2007; 채장수, 2009).

기존의 연구에서 다양하게 논의되어 왔던 공공성의 특성을 다섯 가지로 요약하자면 다음과 같다: (1) 정부나 공공기관을 공공성을 실현하는 특정 주체로 인정하며, (2) 공공성의 대상으로 불특정 다수 혹은 전체 구성원을 상정하며, (3) 공익성, 공정성, 공평성과 같은 공공가치가 강조되며, (4) 공유재, 공공서비스와 같이 귀속 여부가 명확하지 않은 재화나 서비스가 존재하며, (5) 공적 영역에서 의사결정, 재화분배, 서비스 제공 등 모든 활동이 공개적·개방적이며 언제든 누구에게나 접근성이 허용되어야 한다는 것이다(소영진, 2003; 임의영, 2003; 백완기, 2007; 채장수, 2009; 배수호·김도영, 2014).

일부 선행연구에서는 복잡다기한 공공성의 유형화를 시도하고 있다. 임의영(2019: 42−56)은 직접민주주의·간접민주주의 등 민주주의관과 실질적 정의·절차적 정의 등 정의관에 기초하여 '보호적 공공성(protective publicness, 간접민주주의와 절차적 정의)', '분배적 공공성(distributive publicness, 간접민주주의와 실질적 정의)', '담화적 공공성(discursive publicness, 직접민주주의와 절차적 정의)', '해방적 공공성(emancipatory publicness, 직접민주주의와 실질적 정의)' 등 네 가지 공공성으로 유형화하고 유형별 특성을 논의하고 있다.

이주하(2010)는 공공성을 민주주의와 연관하여 생산레짐, 정치레짐 및 복지레짐을 제시하고, 이를 바탕으로 다시 일곱 가지 공공성의 유형을 제시하고 있다. 구체적으로, (1) 자유시장 공공성, (2) 조정시장 경제체제 공공성(이상 생산레짐); (3) 다수제 민주주의체제

공공성, (4) 합의제 민주주의체제 공공성(이상 정치레짐); (5) 자유주의적 복지체제 공공성, (6) 조합주의적 복지체제 공공성, (7) 사민주의적 복지체제 공공성(이상 복지레짐)으로 분류하여 유형별 특성을 논의하고 있다.

오늘날 공공성의 위기 현상 속에서 신자유주의적 처방과 지배 질서에 따른 사회적 병폐를 극복·완화하기 위한 공공성 실천 전략으로, 임의영(2019)은 공(共), 통(通), 인(仁)을 제시한다. 공(共)은 공공성을 실현하는 주체로서, 과거 정부 주도 방식에서 탈피하여 정부, 시장, 시민사회, 시민이 '함께 더불어' 참여할 것을 주문한다. 통(通)은 공론, 소통 등을 활성화하여 공공성을 달성하고자 하는 전략이다. 인(仁)은 공익, 공공가치, 책임윤리, 정의, 돌봄과 같은 공공성의 가치와 이념에 관한 실천 전략이다. 이렇듯 공공성의 실천 전략으로 공·통·인은 각각 공공성의 주체, 방식, 궁극적 목적을 의미하는 것이라 할 수 있다.

이제까지 공공성에 관한 의미 있는 연구들이 꾸준하게 이뤄져 왔음에도 공과 사 및 공공성에 관한 개념적 명확성과 이해를 충분히 확보하였다고 판단하기에는 미흡한 점이 여전히 많아 보인다. 많은 학자의 노력으로 공과 사 및 공공성에 관한 전반적인 이해 수준이 높아졌다고는 하나, 개념적 혼란을 극복하고 그 기반이 확고하게 마련되었다고 보기에는 상당한 난관이 남아있다. 우선 동양과 서양 사상 모두에서 공과 사 개념은 여전히 혼란스럽다. 나종석(2013)은 동양 사회에서 성리학(주자학) 이전과 이후에 공과 사 개념이 다르게 나타난다고 지적한다. 성리학의 성립 이전에 공은 (1) 관료의 지배기구로서의 공(公), (2) 여럿이 함께(共), (3) 평분(平分) 등의 관점에서 주된 논의가 이뤄졌던 반면, 그 이후에는 '천리(天理)로서 인(仁)을 실현하기 위해 사사로움을 버리고 윤리·도덕적으로 정당하고 올바른 상태'로서 공을 실현하는 개념으로 무게중심이 이동하였다는 것이다(나종석, 2013). 한편, 서양 사회에서 영역적 차원의 공과 사 개념 역시 현실적으로 공적·사적 영역으로 쾌도난마(快刀亂麻)처럼 명확하게 나눠지기란 극히 어렵다. 일견 사적 영역의 이슈로 보이는 문제도 종국에는 공적 영역에서 다루어야 할 공공성의 문제로 직결되는 경우가 허다하다. 일례로 가정 내 폭력, 아동 학대 등의 이슈는 가정이라는 사적 영역에서 발생하는 문제로 보이지만 다분히 공공성을 띠고 있는 사회적 이슈이자 문제이기 때문이다.

　오늘날 공공성을 실현하는 주체는 정부나 공공기관에만 국한되지 않는다. 정부 등 공적 부문만이 아니라 시장, 시민사회, 심지어는 시민 개개인이 공공성의 실현을 함께 고민하고 이를 실천하는 주체로 부상하고 있다. 특히 사회문제 해결을 위한 거버넌스의 접근방식은 공공성을 실현하는 주체가 정부, 공공기관 등 공적 영역만으로 한계 지을 수 없게 되었다(배수호·김도영, 2014). 따라서 공과 사의 개념 정의와 공공성의 실현을 영역성의 측면과 윤리·도덕성의 측면을 모두 아울러 포괄적으로 이해하고 접근할 필요가 있다. 〈그림 3-1〉에서 보는 바와 같이, 결국 공공성은 "공적 영역과 사적 영역 모두에서 윤리·도덕적 정당성이 온전하게 확보되고 실현된 상태"라고 정의할 수 있다(배수호·홍성우, 2020: 169).

2. 인물성동이론 관점에서 공사관 및 공공성 담론

앞장에서 상술하였듯이, 조선 후기 호락논쟁의 핵심은 인성과 물성을 어떻게 바라볼 것인가이다. 이에 대한 관점과 입장에 따라 공과 사 개념 및 공공성에 관한 이해와 접근에서 상당한 차이를 노정한다. 오늘날 공과 사 및 공공성 담론은 영역성의 측면과 함께 윤리·도덕성의 측면까지 고려해야 할 필요성과 가치는 커지고 있다. 사회적 이슈나 문제가 공적 영역과 사적 영역 중 어느 영역에서 다뤄져야 할 것인지는 전통적으로 공공성 논의에 있어 중요한 사안이다. 이와 함께 성리학의 이념과 사상이 깊게 자리 잡은 동양 사회, 특히 한국 사회에서 공공성의 실현은 윤리·도덕적 정당성의 확보와도 직결되어 있으므로 윤리·도덕성 또한 중요한 고려 대상인 것이다.

이제부터 인물성 同論과 異論의 입장에서 공공성의 영역성 측면과 윤리·도덕성 측면에 대해 각각 살펴보기로 한다. 먼저 영역성의 측면에서 인물성동이론을 적용하면, 異論에서는 상대적으로 영역성이 강하게 나타나고, 同論은 영역성이 약하게 나타나는 것으로 파악된다. 異論은 인(人)·물(物)의 본성을 엄정하게 구분하는 입장으로 공과 사의 영역을 엄밀히 나누고 경계짓는 반면, 同論은 이 둘의 영역 간 경계가 없거나 약하다고 생각할 가능성이 높기 때문이다.

異論의 경우 모든 사회적 이슈는 공적 영역과 사적 영역으로 구분해서 바라보아야 하며, 그에 따른 정책 설정 또한 영역의 구분이 확실해야 한다. 가령 공적 영역에 속하는 사회적 이슈로는 정치적 투명성과 책임, 공공 안전과 보안, 환경보호, 공공보건, 교육정책, 경제 정책 및 규제 등이 있다. 사적 영역의 이슈로는 개인정보 보호, 가정 내 문제, 소비자 권리, 생활양식의 자유, 개인의 신념과 표현에 대한 자유, 사적 재산권 등을 예시로 들 수 있다.

언뜻 보기에는 이러한 구분이 논리적으로 타당하고 합리적으로 여겨지는 경향이 있지만, 이는 우리가 서구의 학풍에 노출되어 그리 생각할 여지가 커 보인다. 특히나 한국 행정학은 서구 행정학의 영향을 강하게 받았는데, 서구 행정학의 기원으로 여겨지는 막스 베버(Max Weber)와 우드로 윌슨(Woodrow Wilson)이 각각 주장한 '관료제' 이론과 '행정과 정치의 분리'는 공과 사 영역의 구분과 분리를 강조한 것에 기인한다.

同論은 이러한 구분·분리에 동의하지 않을 것으로 보인다. 그 이유는 실제 행정 현상에서 공적 영역과 사적 영역이 엄밀하게 구분될 수 없다고 보기 때문이다. 실제로 많은 사회적 이슈가 공적 혹은 사적 영역으로 명확하게 구별되지 않는다는 것을 자주 목격한다. 일례로 개인정보 보호와 감시, 사회적 자유와 규제, 정치적 중립성(표현의 자유), 법적 책임과 개인의 자유, 사회적 규범과 개인적 선택과 같이 관점에 따라서 공적·사적 영역 모두에 속할 수 있는 사회적 이슈가 많기 때문이다. 그렇기에 공론장이나 참여민주주의 이론에서는 공과 사의 영역 구분에 따른 한계를 지적하고 있는 것이다(Habermas, 1962; Pateman, 1970).

한편, 영역성과 별개로 윤리·도덕성의 측면에서 異論과 同論 역시 이견을 보이리라 여겨진다. 여기서 주의해야 할 점은 여타 차원과 다르게 윤리·도덕성은 가치중립적인 요소보다 가치함축적인 측면이

표 3-1 인물성동이론 관점에서 영역성

		영역성	특성
인물성	異論	强	• 공과 사 영역의 명확한 경계 설정과 구분 • 서구적 전통에서 관료제, 정치행정이원론의 관점
	同論	弱	• 공과 사 영역의 경계 설정과 구분의 애매모호함 • 공적·사적 부문 간 역할 분담의 어려움 • 공론장, 참여민주주의 이론의 관점

두드러지는 개념이라는 것이다. 윤리란 그 자체로 정(正)의 의미를 내
포하고 있기 때문에 '올바른 것'으로 인식되는 것이 일반적이다. 윤리
·도덕성을 한 축으로 보고 유형을 구분할 때는 윤리의 강하고 약함은
윤리가 있고 없음을 나타내는 것이 아니라, 윤리라는 기준틀이 우선시
되느냐 아니냐로 구분하는 것이 더 합당할 것이다.

그렇기에 異論은 윤리·도덕성이 강하게 드러나는 반면, 同論은
상대적으로 도덕적 개념이 가치판단에 있어 덜 중요한 개념으로 인식
한다. 윤리·도덕성의 측면에서 인물성동이론을 살펴보면 人은 성인
을, 物은 범인을 각각 나타낸다고 말할 수 있기 때문이다.

제2장의 호락논쟁에서 살펴봤던 '성인의 마음과 범인의 마음은
본래 같고 동등한 것인가'는 윤리·도덕성 논의에서 중요하게 다루어
질 수밖에 없다. 호론, 즉 인물성 異論의 입장에서 접근할 때 성인의
마음과 범인의 마음은 근본적으로 다르므로 강력한 외재적 규범성이
설정되어야 하고 성인군자가 아닌 일반 백성들에게는 엄격한 예(禮)와
제도적 구속이 필요하다. 따라서 異論에서는 예외 없는 도덕적 절대주
의와 도덕적 엄격주의를 지향하고 외재적 예와 규범을 엄격하게 관철
하고자 할 것이다.

한편, 낙론, 즉 인물성 同論의 입장에서 바라볼 때 성인의 마음과

범인의 마음은 본래 동일하고 보편적이기 때문에 성인 못지않게 범인도 윤리·도덕적 인격 완성을 향한 무한한 가능성과 잠재력을 지니고 있다고 가정한다. 범인은 오늘날 일반시민에 해당한다. 同論에서는 범인에게 특정 행위에 대해 윤리·도덕적 정당성을 엄격하게 부과하는 것은 잘못된 접근방식이라고 생각한다. 범인 또한 성인과 마찬가지로 선한 본성을 지니고 있으므로 윤리·도덕적 언행을 실천할 수 있는 무한의 잠재력과 역량을 지니고 있다. 따라서 범인, 즉 일반시민에게 엄격한 예의 실천을 강요하고 법적·제도적 구속과 처벌을 강제해서는 안 된다는 것이다. 따라서 同論에서는 도덕적 온건주의나 도덕적 상대주의 태도를 취하게 된다.

이렇듯 도덕적 엄격주의와 도덕적 온건주의는 정책형성에서 도덕적 논의의 중요성을 강하게 보느냐, 약하게 보느냐로 정의할 수 있다. 정책형성에 있어 異論은 사회적 가치, 윤리적 원칙을 매우 중요시할 것이지만, 同論의 경우 윤리적 가치보다 기술적, 과학적 또는 경제적 가치를 중요한 가치로 두게 된다고 해석할 수도 있다.

표 3-2 인물성동이론 관점에서 윤리·도덕성

		윤리·도덕성	특성
인물성	異論	强	• 성인과 범인의 마음은 근본적으로 다르다. • 일반시민에 대해 외적 규범성, 엄격한 법과 질서의 관철 • 도덕적 절대주의와 도덕적 엄격주의의 입장
	同論	弱	• 성인과 범인의 마음은 근본적으로 같다. • 일반시민의 자발적인 도덕적 잠재력 인정 • 도덕적 온건주의와 도덕적 상대주의의 입장

3. 현상 이해 및 분석을 위한 개념틀

인물성 同論과 異論 각각의 관점에서 공과 사 개념을 윤리·도덕성의 측면과 영역성의 측면을 함께 고려할 때, 〈표 3-3〉에서 보는 바와 같이 네 가지 이론적 개념틀을 도출할 수 있다.

표 3-3 인물성동이론 관점에서 공(公)과 사(私)의 이론적 개념틀

		영역성	
		異論	同論
윤리·도덕성	異論	① 도덕적 영역주의 (强, 强)	② 도덕적 비영역주의 (强, 弱)
	同論	③ 비도덕적 영역주의 (弱, 强)	④ 비도덕적 비영역주의 (弱, 弱)

첫째, 도덕적 영역주의(moral sectionalism; 强, 强)에서는 윤리·도덕성, 영역성 측면에서 모두 異論의 입장에 있는 경우로, 강한 윤리·도덕성과 강한 영역성을 특징으로 한다. 정부를 비롯한 공적 영역이나 공공부문이 사적 영역이나 민간부문에 대해 우위를 차지하고 사적 영역에서의 이슈와 문제들을 전반적으로 관장하고자 할 것으로 예상된다. 공적·사적 영역은 명확하게 구분되고 두 영역 간의 경계 또한 명확하게 설정되어 있다. 윤리·도덕성의 차원에서는 엄격한 도덕주의를 지향한다. 이 경우 시민들에게 공적인 삶과 사적인 삶은 엄격하게 구분할 것을 요구하며, 어느 영역에 있든 청빈하고 엄숙한 도덕적 삶의 태도를 견지하도록 요구한다. 공적 영역에서 관료, 정치인들은 누구에게나 예외 없이 공정하고 엄격하게 법과 제도를 준수하고 정책을 집행할 것을 주문한다. 정실주의 요소와 그 가능성은 아예 차단되고 배

격된다. 사적 영역에서도 시민 각자는 자기 중심을 스스로 바로잡고 흐트러짐 없이 자기 절제와 올바른 도덕 생활을 요구받는다.

둘째, 도덕적 비영역주의(moral non−sectionalism; 强, 弱)에서는 윤리·도덕성 측면에서 異論, 영역성 측면에서 同論의 입장에 있는 경우로, 강한 윤리·도덕성과 약한 영역성을 특징으로 한다. 윤리·도덕성의 측면에서 異論은 공적 혹은 사적 영역 어디에서든 엄격한 예의와 규범성을 관철하도록 요구한다. 한편, 영역성의 측면에서 同論은 공적·사적 영역의 경계는 모호하게 설정되어 있고 공적 영역이 사적 영역보다 우위를 점하는 게 아니라 두 영역 간에 수평적 관계를 지향한다. 따라서 도덕적 비영역주의에서는 특정 이슈나 문제가 어느 영역에 속하는 것인지에 대한 논의는 중요하지 않다. 대신 사적이나 공적 영역에서든 윤리·도덕적 정당성의 요구는 꾸준히 제기될 것이고, 어느 영역에 있든 엄숙한 도덕적 삶과 태도를 견지하도록 요청받게 된다.

셋째, 비도덕적 영역주의(non−moral sectionalism; 弱, 强)에서는 윤리·도덕성 측면에서 同論, 영역성 측면에서 異論의 입장에 있는 경우로, 약한 윤리·도덕성과 강한 영역성을 특징으로 한다. 영역성의 측면에서 異論은 공적·사적 영역의 경계를 명확하게 설정하고 특정 이슈나 문제가 어느 영역에 배속되어야 하는지는 중요한 쟁점이 된다. 대체로 한국적 상황과 맥락을 고려해볼 때 異論에서는 정부를 비롯한 공적 영역이나 공공부문이 사적 영역이나 민간부문보다 상대적으로 우위에 있게 되며, 사적 영역에서의 모든 활동은 공적 권위에 예속되게 된다. 하지만 이 모형에서 윤리·도덕적 정당성이 공적·사적 영역 모두에서 크게 주목받지는 않는다. 따라서 공적 영역에서는 공리주의,

사회적 효용, 효율성 등의 가치가 상대적으로 중시되며, 과정과 절차보다는 결과와 성과에 더 치중할 것으로 예상된다. 사적 영역에서는 사적 소유권, 효용 및 이익 증진과 같은 가치가 중시되고, 올바름, 도덕적 떳떳함, 염치와 같은 가치는 크게 주목받지 못할 것으로 보인다.

넷째, 비도덕적 비영역주의(non-moral non-sectionalism; 弱, 弱)에서는 윤리·도덕성과 영역성 측면 모두에서 同論의 입장에 있는 경우로, 약한 윤리·도덕성과 약한 영역성을 특징으로 한다. 同論에서는 공적·사적 영역의 경계는 무뎌지고, 영역 간의 경계 설정 또한 크게 주목받지 못한다. 어느 영역이 상대적으로 더 중요하고 우위에 있다는 관념 역시 크게 작용하지 않으리라 여겨진다. 그렇다고 각자의 영역에서 도덕적 엄격주의가 자리 잡을 여지는 커 보이지 않는다. 오히려 어느 영역에서든 윤리·도덕적 가치보다는 효용, 공익, 효율성과 같은 공리주의 및 실용주의 가치가 더 큰 비중을 차지할 것으로 보인다.

환경정의

제4장

환경정의

　오늘날 인류는 존재론적 불안을 느끼며 위험사회(risk society)에 살고 있다고 울리히 벡(Ulrich Beck, 1986, 홍성태 역, 1997)은 주장한다. 벡에 따르면, 인류는 이제까지 합리성과 이성에 대한 맹신으로 인한 과학기술의 발전과 함께 복잡성과 불확실성이 크게 증가하여 환경 파괴, 생태 위기와 같은 각종 위험과 재난에 일상적으로 노출되어 있다. 또한 위험사회에서는 각종 위험과 재난이 특정 집단, 인종, 지역 및 계층을 넘어서 인류 전체에 고루 노출되어 있다고 주장한다(배수호, 2013; 고동현, 2015).

　과연 그러할까. 우리는 각종 재난과 위험이 결코 공평하지도 균등하지도 않다는 사실을 자주 목도한다. 소수인종이나 빈곤층은 환경 재난이나 위험에 훨씬 더 노출되어 있고 더 취약하였다는 사실을 여러 역사적 사건과 사례를 통해 잘 알고 있다. 일례로, 2005년 8월 허리케인 카트리나(Hurricane Katrina)의 강타로 미국 루이지애나(Louisiana)주 뉴올리언스(New Orleans)의 제방이 붕괴되면서 저지대에 물이 밀려 들어와 엄청난 인명 피해가 발생하였다.[1] 특히 흑인과 빈곤층 대부분이 침수 위험이 큰 저지대에 거주하고 있었기 때문에 상당수의 피해가 흑인과 빈곤층에 집중되었다. 침수 피해 당시 피해지역 거주자의 75%가 흑인이었으며, 29.2%가 빈곤층, 52.8%가 임대 거주자였다(고동현, 2015).

유학(儒學) 사상에서는 독립적 자아(independent self)보다는 관계적 자아(relational self)를 강조한다. 즉, '나'라는 존재는 이 세상 어느 사물과도 긴밀하게 연결되어 있다는 것이다. 유학 사상은 '유기체적 자연관', '관계론적 세계관', '생명주의적 세계관'을 가정하며, 인간중심성과 함께 생태중심성을 동시에 품고 있다(배수호, 2013). 조선 후기 성리학의 사상적 심화를 가져왔던 호락논쟁에서도 환경정의와 관련한 담론과 함의가 풍부하게 담겨있다고 생각한다. 이 장에서는 호락논쟁의 인물성 同論과 異論의 관점을 통해 사람과 사람의 관계, 사람과 자연의 관계에서 환경정의를 어떻게 이해하고 접근할 것인지에 대해 톺아본다. 그런 다음 환경정의의 이해를 위한 이론적 개념틀을 도출하고자 한다.

1. 환경정의[2]

환경정의(environmental justice) 개념은 환경인종주의(environmental racism)에 기원을 둔다. 1970년대와 1980년대 민권운동이 활발하게 전

---

1) 당시 재난 당국은 약 1,800명이 목숨을 잃은 것으로 추정했다(연합뉴스, 2015/08/24).
2) 환경정의에 관한 논의 내용은 배수호(2021)를 기저로 수정·보완하였음을 밝힌다.

개되던 미국에서 환경정의 운동이 시작되었다는 사실이 이를 짐작케 한다. 당시 환경인종주의는 흑인을 비롯한 유색인종이 밀집된 지역에 폐기물매립지 등 환경혐오시설과 유해시설이 집중적으로 들어서고 있다는 인식에서 촉발되었다(배수호 외, 2014; Pedersen, 2010). 대표적인 사례로, 1982년 미국 노스 캐롤라이나(North Carolina)주 워렌 카운티(Warren County) 소재 쇼코 타운십(Shocco Township)에 유해 화학 폐기물 매립을 위한 매립장 설치가 결정되면서 흑인사회를 중심으로 대대적인 시위가 전개되었다. 당시 쇼코 타운십에는 지역주민 약 69%가 흑인을 비롯한 유색인종이었고, 20% 정도가 빈곤선(poverty line)에 놓여 있었다(권해수, 2001, 2002; 박재묵, 2006; 윤순진, 2006; Pedersen, 2010; Laurent, 2011; Gen et al., 2012).[3] 이후 환경정의 운동은 미국 전역뿐만 아니라 전 지구적 차원으로 확산되었으며 환경인종주의 개념을 뛰어넘어 환경정의 개념의 확장과 심화가 지속적으로 이뤄져 왔다.

환경정의는 환경형평성(environmental equity), 환경차별(environmental discrimination), 환경인종주의(environmental racism), 환경복지(environmental welfare), 생태복지(eco-welfare) 등 여러 개념과 연계되어 논의가 진행되어왔다. 구체적으로, 환경형평성은 환경의 편익, 불이익, 비용 등 결과적 측면에 주목하는 반면, 환경정의는 목표, 정책, 법률적 과정 등에 보다 초점을 둔다(이인희, 2008: 35; Zimmerman, 1993). 환경인종주의는 환경의 편익, 불이익 및 비용이 인종, 피부색에 따라 다르게 나타난다고 파악하기 때문에(Bullard, 1993) 다소 협소한 개념인 반면, 환경형평

---

3) 환경정의 운동의 역사에 관해서는 권해수(2001), 박재묵(2006), 윤순진(2006), 배수호 외(2014) 등을 참고하기 바란다.

성과 환경정의는 인종과 피부색뿐만 아니라, 연령, 문화, 민족, 성, 사회적 지위 등 보다 넓은 범위를 포함한다(배수호 외, 2014). 환경차별 개념은 환경인종주의와 유사하게, 인종과 피부색에 따른 환경 편익과 비용의 불평등한 분포에 치중하고 있으며 부정적인 의미를 지니고 있다(이인희, 2008: 36; Liu, 2001).

환경복지는 "모든 국민이 사회적 지위나 거주지역에 상관없이 동등하게 인간다운 삶을 영위하기 위하여 건강하고 안전하며 쾌적한 환경에서 생활할 수 있도록 하는 것"(김종호 외, 2014: 9), "모든 사람이 건강하고 쾌적한 환경에서 생활하도록 환경자원과 서비스 이용 혜택을 동등하게 누리고, 환경오염으로부터 동등하게 보호받으며 정책과정 참여 기회와 정책결과의 배분이 공평하게 이루어져 보다 나은 삶의 질을 보장받는 것"(고재경·정회성, 2013; 박은하 외, 2016: 264), "자연의 한계 내에서 환경자원 및 서비스에 대한 접근성, 정책결정 과정 참여 기회가 동등하게 제공되고, 환경비용과 편익을 공평하게 배분하여 인간답게 살기 위한 질 높은 삶을 보장하는 것"(고재경 외, 2012) 등 학자에 따라 다양하게 정의되고 있다.

고재경 외(2012)는 환경복지를 세 가지 측면에서 살펴보는데, 첫째, 환경질과 환경서비스의 지역 간 격차가 나타나는가이다. 예를 들어, 농어촌지역, 저소득층 거주지역 등에서 환경복지의 격차와 불평등이 있느냐는 것이다. 둘째, 특히 저소득층, 어린이, 노인 등 환경약자에게 환경복지의 격차와 불평등이 존재하느냐는 것이다. 환경복지의 관점에서는 환경약자가 건강한 환경에서 소외되지 않고 살아갈 수 있도록 인프라 투자를 통한 생활환경 개선 등에 초점을 두고 정책의 우선순위를 조정하고 환경약자에 대한 고려가 필요하다고 주장한다(고재경 외, 2012). 셋째, 환경규제나 기피시설 입지에 따른 비용과 편익의 공간적 분리가 실제로 나타나는가이다.[4] 한편, 김종호 외(2014)는 환경복지 개념을 건강하고 깨끗한 환경질 보장, 안전하고 편리한 환경서비스 접근성 보장, 환경안전 확보, 환경복지의 참여·공개·소통 등 네 가지 측면에서 파악한다. 이후에 재차 다루겠지만, 페데르센(Pedersen, 2010)의 환경정의 유형 분류에서 환경복지는 분배적 정의와 절차적 정의 차원의 환경정의 개념과 직접적으로 맞닿아 있으며, 생산적 정의와 실질적 정의의 일부 차원과도 연결되는 것으로 파악된다.

생태복지는 '생태계와 함께하는 환경친화적 인간복지' 개념으로서, 협의의 의미에서는 "건강한 생태계 유지, 인간의 건강복지를 위한 친환경적 생태계의 활용, 그리고 이를 통한 질병 등 사전 예방과 건강한 삶의 추구"를 지향한다. 광의의 의미에서 생태복지는 "궁극적으로 생태계의 복지와 인간의 복지를 동시에 구현함으로써, 필연적으로 생태계에 의존하고 있는 인간의 복지가 지속 가능하게 하는 것"이다(최재천, 2009: 61). 생태복지 개념은 동양의 관계론적 사고에 근거하는데, 인간과 인간의 관계뿐만 아니라 인간과 자연의 관계성을 중요시한다고 볼 수 있다. 생태복지 개념에는 인간과 환경의 조화, 지속가능성, 평등성, 다양성, 사전대응성 등 다섯 가지 하위개념을 담고 있다. 구체적으로, "지구상의 모든 생명을 가진 존재들의 다양성을 유지하고, 이

---

4) 맥너트(McNutt)는 환경복지의 추진을 위한 원칙으로 주민 중심의 원칙, 사회정의의 원칙, 참여의 원칙, 예방의 원칙, 발전의 핵심 원칙 등 다섯 가지를 제시한다(정환도·이재근, 2014: 3).

전 세대로부터 물려받은 환경과 삶의 질을 보장하는 자산을 최대한 손상시키지 않고 다음 세대에 물려주는 지속가능성을 유지하며, 사회의 소득불평등, 환경불평등을 해소"하고, "이를 통해 사전대응 방식으로 인간복지와 생태계 복지를 동시에 추구함으로써 인간과 자연의 조화를 이루고자 하는 것"으로 설명한다(최재천, 2009: 62-63). 이로써 생태복지는 인간과 자연의 관계에 있어 인간에 더 무게중심을 두는 환경복지보다는 생태계에 더 중심을 두며, 인간과 인간의 관계, 인간과 자연의 관계에서 더 확장하여 생태계 안에서 (인간을 제외한) 생명체 간의 관계까지도 포함할 수 있는 여지를 제공하고 있다.

오늘날 환경정의에 관한 논의는 주로 분배적, 절차적 차원에서 접근하고 있다. 미국 환경청(Environmental Protection Agency: EPA)은 환경정의를 "환경 관련 법, 규제 및 정책을 개발하고 강제하고 집행하는 데 인종, 피부색, 민족 혹은 소득 수준과 관계없이 모든 사람이 공정하게 대우받고 이러한 과정에 의미 있는 참여를 하는 것"으로 정의한다. 또한 "환경정의는 모든 사람이 환경 및 보건적 위해요소에 대해 동일하게 보호받으며, 건강한 환경의 공간에서 거주, 학습, 그리고 노동이 가능하도록 하기 위한 의사결정과정에 모두가 동등한 접근이 보장될 때 달성된다."고 명시하고 있다.[5] 여기서 '공정한 대우(fair treatment)'는 분

---

5) "Environmental justice is the fair treatment and meaningful involvement of all people regardless of race, color, national origin, or income, with respect to the development, implementation, and enforcement of environmental laws, regulations, and policies. EPA has this goal for all communities and persons across this nation. It will be achieved when everyone enjoys: the same degree of protection from environmental and health hazards, and equal access to the decision-making process to have a healthy environment in which to live, learn, and work"(EPA 홈페이지, 2017/12/30

배적 차원, '의미 있는 참여(meaningful involvement)'는 절차적 차원을 강조하고 있다.

아계만(Agyeman, 2005)은 환경정의를 분배적 정의(distributive justice), 절차적 정의(procedural justice), 실질적 정의(substantive justice) 등 세 가지 차원에서 접근한다. 분배적 정의 차원에서는 환경의 편익, 위험 및 비용이 인종, 소득, 출신 지역 등과 관계없이 누구나 공정하고 공평하게 배분되어야 한다(배수호 외, 2014; 허훈·홍성우, 2015; Pedersen, 2010). 그런데도 분배적 정의에는 환경의 편익에 대한 공정한 배분 보다는 자연의 이용과 개발에 따른 환경의 불이익과 부담의 공정한 배분을 더 중요시하는 것으로 보인다(박근수, 2000: 63-64).

절차적 정의 차원에서는 정책, 법, 계획 등에 관한 이슈 설정, 결정, 집행과정에 누구에게나 '열려 있고 의미 있는' 참여와 의견 개진, 정보와 자료의 자유로운 접근과 공개, '자유로운 사전동의(free informed consent)' 등이 적극적으로 보장되어야 한다(윤순진, 2006: 105; 엄은희, 2012: 58; 배수호 외, 2014; 허훈·홍성우, 2015; Pedersen, 2010). 이는 미국 환경청의 '의미 있는 참여'(meaningful involvement), 오르후스 협약(Aarhus Convention)[6]의 '정의에 대한 접근(access to justice)'과도 부합한 개념이라 할 수 있다(Perdesen, 2010). 밀너(Millner, 2011: 194)에게 절차적 정의는 환경 관련 정책 결정과 집행에서 시민의 완전하고 자유로

자료접근).

6) UN 유럽경제위원회(United Nations Economic Commission for Europe: UNECE)가 1998년 6월 25일에 제정한 〈환경정보에 대한 접근·이용권, 환경행정절차참여권, 환경사법접근권에 관한 협약(UNECE Convention on Access to Information, Public Participation in Decision Making and Access to Justice)〉은 2001년 10월 30일에 발효되었다(이형석, 2015).

운 참여를 보장하는 법규의 존재를 의미한다.

실질적 정의 차원에서 보면, 사람은 누구나 깨끗한 환경에서 자신의 삶을 향유할 권리를 가지며, 환경오염, 피해 및 위험으로부터 보호받을 권리가 있다. 이는 페데르센(Pedersen, 2010)이 말하는 '건강한 환경에 대한 실질적 권리(substantive human right to healthy environment)'를 의미한다(배수호 외, 2014). 즉, 장래에 환경적 위험과 건강 위험을 야기할 수 있는 환경부담 행위를 사전에 방지하고 환경질을 적절하게 유지·관리해야 한다는 것이다(윤순진, 2006: 109). 분배적 정의는 환경의 편익, 피해 및 위험에 대한 공정하고 공평한 분배를, 절차적 정의는 환경정책과정에서의 의미 있는 참여의 필요성을 강조하는 반면, 실질적 정의에서는 장래 예상되는 환경의 부담, 피해 및 위험에 대한 예방적 방지·대응, 환경질의 적절한 관리 등을 강조한다(배수호 외, 2014). 실질적 정의는 절차적 정의가 가지고 있는 한계를 보완하여 환경에 대한 실질적인 권리를 누구에게나 보장하기 위함이다(박재목, 2006).

페데르센(Pedersen, 2010)에 따르면, 환경정의 개념이 분배적, 절차적, 실질적 차원에서 인지적(recognition), 생산적(productive), 생태적(ecological) 차원으로 지속적으로 분화·확장되어 왔다. 먼저 인지적 정의[7]에서는 취약계층 및 그들의 사회경제적 상황에 대한 인지(recognition)로부터 환경정의 문제를 접근할 것을 주문한다(배수호 외, 2014; 박광국·김정인, 2020). 즉, 환경의 부담, 피해 및 위험에 취약한 계층이 처해있

---

7) 박재목(2006)은 이를 '승인적 정의'라고 명명한다. 하지만 승인적 정의는 영(Young, 1990)과 최병두(1998)의 관점을 따르고 있으며, 인간과 비인간 존재 간의 관계에 초점을 두고 있다.

는 사회경제적 상황을 제대로 인식하고 이를 시정·개선하기 위한 대책과 정책을 적극적으로 추진할 것을 요구한다.

생산적 정의는 분배적 정의에 대한 보완적 성격을 지니는데, 환경문제의 근본적인 발생원인을 생산관계에서 찾아야 하며, 환경의 오염, 부담, 피해 및 위험을 유발하는 생산결정과정에서의 적극적인 참여를 역설한다(박재묵, 2006; Pedersen, 2010). 박재묵(2006: 104)에 따르면, 생산적 정의에서 "진정한 의미에서의 환경정의가 실현되기 위해서는 환경적 위험을 균등하게 배분하는 데 관심을 두기보다는 먼저 어느 누구도 피해를 입지 않도록 그러한 위험이 생산되지 않도록 예방하는 데 더 관심을 집중"시켜야 하는데, "위험이 생산되는 과정을 통제할 수 있는 절차의 강화, 즉 자본 투자 결정에 대한 민주적 참여의 강화"가 중요시되어야 한다.

한편, 생태적 정의에서는 인간과 자연 간의 관계, 자연환경에 대한 정의에 주목하는데, 이는 전통적인 환경정의 개념이 자연만물로까지 확장된 것이라 할 수 있다. 즉, 환경정의 개념이 인간 자체 혹은 인간과 인간 간의 관계에서 그 관점이 더욱 확장되면서, 비인간 존재에 대한 윤리적 책무, 인간과 자연 간의 정의로운 관계와 공존 상생을 중요시해야 함을 강조한다(박재묵, 2006; 윤순진, 2006; Pedersen, 2010).

벤쯔(Wenz, 1988)는 인간이 자연환경의 일부로서 사회적 차원에서 논의되는 정의 개념을 동식물, 무생물 등 자연에까지 확대해야 한다고 주장한다. 따라서 환경정의는 분배적 정의에 해당하며 자원의 희소성 원칙이 작동하는 세계에서 편익과 부담을 배분하는 방식에 대해 논의해야 한다는 것이다. 벤쯔는 청교도적 미덕이론, 자유지상주의, 인권,

동물권, 공리주의, 비용－편익분석, 롤즈(J. Rawls)의 정의론 등 정의 관련한 다양한 이론과 원칙들을 고려한 다원주의적 정의론에 입각하여 '환경정의의 동심원이론(concentric circle theory)'을 주창한다. 벤쯔에 따르면, 동심원 안 중심에 나 자신이 존재하고 그 밖으로 부모, 형제, 친척, 이웃, 지역사회 등으로 퍼져나간다. 동심원의 바깥으로 갈수록 인간과 인간의 관계를 넘어서 인간과 자연의 상호작용 및 관계로까지 확장된다. 동심원에는 현재 세대뿐만 아니라 미래 세대까지도 포함된다. 동심원이론에서는 나 자신과 가까운 동심원일수록 거기에 소속된 사람이나 자연에 대한 도덕적 의무감은 더욱 커진다. 예를 들어, 나와 같은 지역사회에 사는 사람들에 대한 도덕적 의무가 다른 지역사회의 사람들에 대한 의무보다 강할 수밖에 없다. 벤쯔의 동심원적 환경정의론은 유교의 수신론과 관계론에서 말하는 동심원적 관계망과 유사하고, 맹자의 관계론적 세계관에서 親親 → 仁民 → 愛物로 확장되어 나아가는 모습과도 흡사해 보인다.

팝스(Pops, 1997)는 환경정의를 사회 내 형평성(intra－social equity), 국가 간의 형평성(inter－national equity), 세대 간의 형평성(inter－generational equity), 생물종 간의 형평성(inter－species equity) 등 네 가지 차원에서 바라봐야 한다고 주장한다. 한 사회 내에서 인종, 계급, 소득수준, 지역 등에 따라 환경 편익과 부담이 불평등하게 분포되어 있다면 사회 내 형평성이 충족된다고 보기 어렵다. 국가 간 형평성은 지구 온난화, 오존층 파괴 등 지구적 차원의 환경문제와 생태 위기에 대한 선진국과 개발국 간의 역할 분담과 도덕적 책무에 대한 논의에서 자주 등장한다. 세대 간의 형평성은 현재 세대의 개발과 환경 파괴 행위가 미래 세대의 생존과 후생에 직접적인 영향을 미칠 수 있기 때문에 중요하게 대두되고 있다. 생물종 간의 형평성은 인간의 행위가 생물다양성의 감소, 생물종의 멸종 등을 야기하고 있으며, 동물, 식물, 무생물 등 자연에 대한 인간의 책무에 관한 논의에서 중요하게 등장한다.

로우와 글리슨(Low & Gleeson, 1997)은 환경정의를 두 가지 측면, 즉, 환경 가치들의 정의로운 배분에 초점을 맞추는 '환경 내에서의 정의(justice within the environment)', 인간과 자연의 정의로운 관계에 초점을 두는 '환경에 대한 정의(justice to the environment)'로 나누어 접근할 것을 주문한다. '환경 내에서의 정의' 개념에는 환경비용과 환경편익에 대한 분배적 정의와 함께, 환경비용과 환경편익을 유발하는 각종 의사결정과정에 자율적이고 의미 있는 참여와 의사결정권 행사를 뜻하는 절차적 정의 역시 포함된다. 한편, '환경에 대한 정의'는 정의론이 인간과 자연 간의 관계에 어떻게 정의·적용되어야 하는지에 대한 논의로 오늘날 생태적 정의와 유사하다고 볼 수 있다.

쿠엔(Kuehn, 2000)은 환경정의를 분배적 정의, 절차적 정의, 교정적(corrective) 정의, 사회적(social) 정의 등 네 가지 차원으로 나눠 접근한다. 분배적 정의와 절차적 정의는 앞서 설명하였던 아계만(Agyeman, 2005)과 페데르센(Pedersen, 2010)의 분배적 정의와 절차적 정의와 유사하다. 교정적 정의에서는 "위법한 침해행위를 한 자에 대한 처벌이 부과되고 개인 또는 지역사회에 가한 손해를 보상함에 있어서 공정"해야 하며, "법률 위반자에 대한 처벌의 집행뿐만 아니라 손실에 대한 배상의무"까지를 요구한다(장욱, 2013: 187). 사회적 정의에서는 더 공정한 사회를 실현하기 위해 "모든 계층의 구성원이 인간으로서 누려야 할 충분한 자원과 권한을 가져야 하고, 특권층은 그들의 권한을 이용하는 방식에 있어서 사회에 대해 폭넓게 책임"지도록 해야 한다는 것이다(장욱, 2013: 187).

최병두(1998)는 사람과 사람의 관계, 사람과 자연의 관계 등 관계성에 초점을 두고서 분배적 정의, 생산적 정의, 승인적 정의 등 세 가지 차원에서 환경정의에 관한 개념 정의를 시도한다. 분배적 정의는 사람과 사람의 관계라는 측면에서 인간의 생존과 삶에 필요한 물질적 자원이나 가치들이 얼마나 공평하게 배분되는가에 초점을 둔다. 생산적 정의를 "자연과의 관계에서 소외되지 않는 노동을 통한 인간의 필요 충족과 자아실현"이라고 정의하면서, 이러한 접근은 기존의 환경정의 개념에서 이해해왔던 "이원론적 관계 속에서 인간에 의한 '자연의 지배'라는 논제를, 인간과 자연 간의 관계 속에서 인간에 의한 '자연의 생산'이라는 논제"로 전환시킬 수 있다는 것이다(최병두, 1998: 517). 승인적 정의는 "포스트모던 정의론에서 강조되는 타자성과 (문화적) 차이, 또는 하버마스가 제시한 인간들 간의 상호승인적 관계에 내재하는 담론(또는 의사소통)의 원칙을 인정하고, 이를 인간과 자연 간의 관계에도 적용"되어야 한다고 본다(최병두, 1998: 517). 이 지점에서 인간과 자연의 정의로운 관계는 "자연과 인간 간의 관계를 매개할 뿐만 아니라 또한 동시에 인간 주체들 간의 관계도 매개하고 있는 노동, 그리고 다른 한편으로 매개 대상물 간의 상호승인, 즉 자연(특히 생명)에 대한 인간의 애정 어린 배려와 인간 상호 간에 존경과 신뢰"를 밑바탕으로 해야만 한다는 것이다(최병두, 1998: 517).

2. 인물성동이론 관점에서 환경정의 담론

호락논쟁과 인물성동이 논쟁은 조선 후기 성리학, 특히 주자학에 대한 이해가 심화되는 과정에서 발생한 노론 내 학술적 논쟁이자 정치적 투쟁의 성격을 띠고 있었다. 호락논쟁은 성리학, 즉 유학 사상에 그 근본으로 두고서 전개되었다는 사실에 주목하여야 한다.

유학 사상에는 생태적 요소를 풍부하게 내포하고 있다. 유학 사상에 배태되어 있는 생태주의 사상은 서구에서 발전된 생태주의 사상과는 그 성격과 결을 달리한다. 유학의 생태주의적 특성을 서구의 생태주의적 특성과 비교하면 다음 〈표 4−1〉에서와 같이 거칠게나마 정리할 수 있다.

유학의 생태주의는 서구의 생태주의와는 다르게 인간과 자연의 관계적 유대성을 강조한다. 이는 뚜 웨이밍(Tu Weiming, 杜維明)이 말하는 '인간−우주동형동성적'(anthropocosmic, 人間−宇宙同形同性的)이고 천

표 4-1 유교적 생태주의와 서구의 생태주의 특성 비교

	유교적 생태주의	서구의 생태주의
사람과 자연의 관계	• 인간과 자연의 관계적 유대성 강조 • '인간-우주동형동성적' 　(anthropocosmic, 人間-宇宙同形同性的) • 천인합일론(天人合一論) • 사해동포주의(四海同胞主義) • 만물일체론(萬物一體論)	• 인간을 자연에 종속된 위치/지위로 간주 • '인간 없이 자연은 존재하지만, 　자연 없이 인간은 존재할 수 없다.'
생태중심성 및 인간중심성	• 생태중심성, 인간중심성 동시에 포함	• 생태중심성 강조
방법론 (인간의 역할론)	• 인간의 자기수양 강조 • 인간의 주체적·능동적·적극적 실천 강조	• 생태적 세계관으로의 전환에 초점 • 인간의 역할 및 실천은 상대적으로 도외시

출처: 배수호(2013: 6). "〈표 1〉 유교적 생태주의와 서구의 생태주의 특성 비교" 재인용 및 수정.

인합일적(天人合一的) 상태를 지향한다는 것이다(최일범, 2007; Tu, 1996). 뚜 웨이밍은 '인간-우주동형동성'을 자신과 공동체 간의 유익한 상호작용, 인류와 자연의 지속가능한 조화, 인심(人心)과 천도(天道)의 상호교감, 천(天)·지(地)·인(人) 삼재(三才)를 이루기 위한 지기(知己)와 수양 등으로 보고 있다(杜維明, 2005, 김태성 역, 2006: 367-374). 유학의 생태주의 사상은 인간중심주의적(anthropocentric) 성격을 띠고 있더라도, 인간과 자연의 연계성 및 상보성, 천지와의 조화, 천지의 화육(化育)을 궁극적으로 지향한다(김병환, 2000; 전병술, 2003; 이동희, 2006; 홍원식, 2011; Tu, 1996). 유학의 유기체적 자연관, 천인합일론(天人合一論)은 북송 대 **장재(張載)**의 사해동포주의(四海同胞主義), 명 대 **왕양명(王陽明)**의 만물일체론(萬物一體論)에서 더욱 두드러지게 나타난다. 장재에 따르면, 나의 육체와 정신은 천지의 기운과 정신을 받아 형성되었으며, 우주만물 모두 나와 같은 형제자매이며 같은 공동체의 소속이라는 것이다.

표 4-2 인물성동이론 관점에서 사람과 자연의 관계

		사상	사람과 자연의 관계
인물성	異論	환경관리주의	자연은 이용·개발·보호의 대상이자 객체
	同論	만물일체론, 만물평등주의	사람과 자연은 동등한 지위, 생태적 정의

반면, 서구의 생태주의에서는 자연의 완전무결성을 강조하다 보
니 인간의 가치와 역할이 끼어들 여지가 없다. 인간을 자연에 종속된
위치에 규정짓고, 인간 없이 자연은 존재할 수 있으나 자연 없이는 인
간은 존재할 수 없다는 것이다(Naess, 1973).[8] 서구의 생태주의에서는
생태주의적 세계관으로의 전환을 강조할 뿐, 생태 보호, 종의 다양성
보존 등에서 인간의 능동적·주도적인 역할과 실천은 상대적으로 도외
시된다는 점이다.

유학 사상은 수양론과 관계론을 주요 특징으로 한다. 인간과 우
주만물은 관계론적으로 긴밀하게 연결되어 있으며, 사람과의 관계, 우
주 자연과의 관계에서 인간 자신은 그 주체로서 능동적이고 적극적인
참여와 실천을 강조한다. 그렇다면 인물성 異論과 同論 각각의 관점에
서 사람과 자연의 관계, 사람과 사람의 관계 등 두 차원으로 나눠 살
펴본다.

먼저 〈표 4-2〉에서 인물성 異論의 관점에서 사람과 자연의 관계
를 살펴보면, 사람의 본성과 물(자연)의 본성은 근본적으로 동등할 수
없으며 인간 외의 모든 생물과 무생물은 인간의 삶과 복지를 위한 목
적에 이용·개발되어야 한다. 자연이 지속가능한 방식으로 보호·관리

---

8) 근본 생태주의(deep ecology)에서는 생태중심적 사고가 특히 강하게 나타난다
(Naess, 1973).

표 4-3 인물성동이론 관점에서 사람과 사람의 관계

		사상	사람과 사람의 관계
인물성	異論	차등적 인간관	• 사람에게는 차등이 있다. • 인종·계급·지위·소득·성·지역 등에 따라 환경부정의는 필연적으로 존재하기 마련
	同論	만민평등주의	• 사람은 누구나 동등하다. • 분배적·절차적·실질적·인지적·생산적 정의를 지지·포용

되어야 하는 이유도 궁극적으로는 인류에게 이익을 가져오기 때문이다. 하지만 同論에서는 사람의 본성과 물(자연)의 본성은 근본적으로 동등하며 어느 하나 먼저라고 할 수 없다는 견해를 견지한다. 이 입장은 앞서 논의된 '생태적 정의'와 유사하다고 할 수 있다.

〈표 4-3〉에서 보는 바와 같이, 사람과 사람의 관계에 대해서도 인물성 異論과 同論은 각각 상반된 견해를 피력할 것으로 예상된다. 먼저 異論에서는 인성과 물성은 근본적으로 동등하지 않기 때문에 '사람에게는 차등과 구분이 있기' 마련이라는 차등적 인간관의 입장을 견지하리라 생각된다. 환경 편익과 비용은 인종, 계급, 지위, 소득 수준, 성, 지역 등에 따라 달리 분포될 수 있으며 이러한 편차가 불가피한 것으로 간주한다. 따라서 異論의 입장에 서면, 사람과 사람의 관계에서 환경부정의(environmental injustice) 상황이 어쩔 수 없이 발생할 수밖에 없다.

반면, 同論에서는 인성과 물성은 근본적으로 같으므로 '사람은 누구나 동등하다.'는 만민평등주의 사상에 닿아 있다고 할 수 있다. 인간은 어떠한 이유에서든 차별받지 않아야 하며 환경 편익과 비용은 인종, 계급, 지위, 소득 수준, 성, 지역 등과 관계없이 골고루 분포되어야 한다. 따라서 同論에서는 사람과 사람의 관계에 관한 환경정의에 있어 분배적·절차적·실질적·인지적·생산적 정의를 지지하고 포용할 가능성이 커 보인다.

3. 현상 이해 및 분석을 위한 개념틀

인물성동이론의 관점에서 환경정의와 관련한 특정 정책 이슈와 문제에 대한 적실한 이해와 분석을 위한 이론적 개념틀을 도출할 수 있으리라 본다. 특히 사람과 사람의 관계, 사람과 자연의 관계 등 두 차원에서 환경정의 이해와 분석을 위한 이론적 모형을 〈표 4-4〉와 같이 도출할 수 있다.

첫 번째 모형은 사람과 사람의 관계, 사람과 자연의 관계 등 두 차원 모두에서 異論의 입장에 있는 경우로, '편협한' 인간중심주의(집단적 이기주의)의 특성을 띠게 된다. 다른 사람이나 집단을 나와 내 집단과 동등하게 환경의 편익을 향유하도록 해서는 안 되며, 환경 재난, 피해 및 비용 역시도 나와 내 집단에는 없거나 최소한도에 머물러야 한다고 생각한다. 더불어, 자연과의 관계에서도 생물과 무생물을 포함

표 4-4 인물성동이론 관점에서 환경정의의 이론적 개념틀

		사람과 자연의 관계	
		異論	同論
사람과 사람의 관계	異論	① 편협한 인간중심주의 (집단적 이기주의)	② 편협한 유교적 생태주의 (지역 이기적 생태주의)
	同論	③ 관대한 인간중심주의 (만민평등주의, 환경관리주의)	④ 관대한 유교적 생태주의 (생물권평등주의)

한 자연은 인간을 위한 도구적·수단적 가치와 용도로서만 의미를 지닐 뿐이며, 자연은 인간의 삶의 개선과 복지 증대를 위한 목적으로 이용·개발될 수 있는 존재로 간주된다.

두 번째 모형은 사람과 사람의 관계에서 異論, 사람과 자연의 관계에서 同論의 입장에 있는 경우이다. 이 모형에서는 지역 이기적 생태주의와 같은 '편협한' 유교적 생태주의의 특성을 보이게 된다. 구체적으로, 자기 자신이나 내 집단이 소속되어 있는 지역과 지역생태계에 있어서는 나 자신뿐만 아니라, 내 집단, 지역주민, 지역생태계를 소중하게 취급하고 이들에게는 환경의 편익, 피해 및 비용이 두루 공정하고 공평하게 배분될 수 있도록 노력한다. 하지만 자신의 지역과 지역생태계가 아닌 다른 지역과 지역생태계에 대해서는 배타성을 보이고 불공정하고 불평등하게 대우하려 할 것이다. 이 모형에서는 자신이 소속된 공동체, 지역 및 국가에 거주하는 사람과 그 지역 자연생태계만을 최우선으로 두는 편협한 생태주의적 면모를 보일 가능성이 크다. 실제로 특정 환경생태 이슈나 문제에 대해 지역 이기주의적 행태는 심심찮게 목격된다. 한 예로, 자신의 지역이나 국가에 환경오염산업의 유치를 적극적으로 반대하고 저항하지만, 다른 지역이나 국가에서 생산된 환경 유해 제품을 죄의식 없이 무분별하게 수입하고 소비하는 행태를 들 수 있다. 환경 유해 제품을 소비한 후 쓰레기와 폐품을 다른 지역이나 국가에 수출하는 사례 역시 이에 해당한다. 님비(NIMBY) 현상과 핌피(PIMPY)현상 역시 좋은 사례이다.[9] 쓰레기 매립장, 쓰레기

---

9) NIMBY는 'Not in my back yard', PIMFY는 'Please in my front yard'의 줄임말이다.

소각장, 분뇨처리장, 화장장과 같은 환경오염과 혐오 시설이 자신의 지역에 들어서는 것에 대해서는 결사 항전의 자세로 반대하지만, 자신의 지역에 도움을 주는 자연환경·경제발전·복지 관련 시설들을 유치하려고 적극적으로 뛰어드는 현상을 자주 목격한다.

세 번째 모형은 사람과 사람의 관계에서 同論, 사람과 자연의 관계에서 異論의 입장에 있는 경우이다. 만민평등주의와 같이 다른 사람과의 관계에서는 분배적·절차적·실질적·인지적·생산적 정의를 실현하려는 '관대한' 인간중심주의의 특성을 보이게 된다. 하지만 자연과의 관계에서 자연환경은 인간과 인간사회의 삶을 증진하고 복지를 향상시키는 데 필요한 도구적·수단적 가치 측면에서 평가받고 이용되는 존재로 취급한다. 자연환경은 인간과 인간사회를 위한 이용과 관리의 대상이므로 환경정책에 있어 환경관리주의의 시각과 관점을 견지할 것이다. 이 모형에서는 동물복지, 생물권 평등, 생물종 간의 형평성, 생태적 정의와 같은 이슈는 중요하게 다뤄지지 않으리라 파악된다.

네 번째 모형은 사람과 사람의 관계, 사람과 자연의 관계 두 차원 모두에서 同論의 입장에 있는 경우로, 생물권평등주의와 같은 '관대한' 유교적 생태주의의 특성을 가진다. 다른 사람이나 집단에 대해서도 자기 자신이나 내 집단과 동등한 지위와 가치를 지니는 것으로 여긴다. 인간이 아닌 생물이나 무생물 역시 자기 자신이나 내 집단만큼 동등하게 다뤄지고 취급되어야 한다고 본다. 여기서는 자기 자신의 안락과 이익만을 위해 다른 사람이나 집단을 분별하거나 차별하지 않으며 자연환경 역시 착취·이용할 대상이 아닌 것이다. 사람, 동식물, 무생물 각자 그 존재 자체만으로 고유한 본래적 의미를 지니며 존재가치의 우열을 가릴 수도 없고 가려서도 안 된다. 우주의 모든 존재는 도구적·수단적 가치로 평가받아서는 더더욱 안 된다. 이 모형에서 비로소 동물복지, 생물권 평등, 생물종 간의 형평성, 생물종의 다양성이 존중받고 생태적 정의 또한 실현될 수 있으리라 생각된다.

인물성동이론 관점에서 우주만물 존재 간의 관계

인물성 異論과 同論 각각의 관점에서 우주만물 존재 간의 관계를 바라볼 때 역시 상반된 입장과 견해를 견지하리라 생각한다. 우선 異論의 입장에서 파악할 때, 우주만물의 존재가치는 인간에게 어느 정도 필요하고 유용한지에 따라 판가름이 난다. 즉, 생물이나 무생물 각각의 존재가치는 인간에게 도구적·수단적·공리적 가치에 의해 결정된다는 것이다. 이는 지극히 인간 중심적 사고체계로 환경관리주의, 공리주의적 환경관, 차등적 만물관의 성격을 지닌다고 할 수 있다. 반면, 同論에서는 '모든 생물이나 무생물은 동등하다.'는 만물일체사상, 만물평등주의, 사해동포주의를 지지한다. 이는 유학적 생태주의의 확장된 모습으로, 네스(Naess, 1973)의 '근본생태주의(deep ecology)', 팝스(Pops, 1997)의 '생물종 간의 형평성', 최재천(2009)의 생태복지 개념에서 '생물종의 다양성'을 모두 아우르는 것으로 해석된다. 하지만 생물종 간의 형평성이나 생물종의 다양성에서는 생명을 지니는 존재만을 대상으로 하고 무생물체는 그 대상에서 배제된다는 한계를 지닌다. 이에 반하여 유학의 만물일체사상에서는 인간, 동물, 식물과 같은 생명체뿐만 아니라, 흙, 돌, 강, 산과 같은 무생명체 역시 모두 존귀한 존재로서 동등

심화 표 4-1 인물성동이론 관점에서 우주만물 존재 간의 관계

		사상	우주만물 존재 간의 관계
인물성	異論	인간중심주의 (환경관리주의, 공리주의적 환경관)	• '사람에게 유용 정도에 따라 존재가치는 다르다.' • 차등적 만물관
	同論	만물평등주의, 만물일체사상, 사해동포주의	• '만물은 하나이고 각자 동등하다.' • 근본생태주의, 생물종 간의 형평성, 생물종의 다양성 등 포함

한 가치와 지위를 점하고 차별 없이 동등한 처우를 받는다. 또한 유학
사상은 인간의 주체성과 긍정적 역할에 대한 강한 믿음을 견지한다.
인간 스스로 '우주만물을 구성하는 존재'임을 각성하고, 우주만물 존재
간의 온전하고 공평한 관계를 정립하는 데 인간의 노력과 역할이 무
엇보다도 중요하고 요청된다는 점을 강조한다.

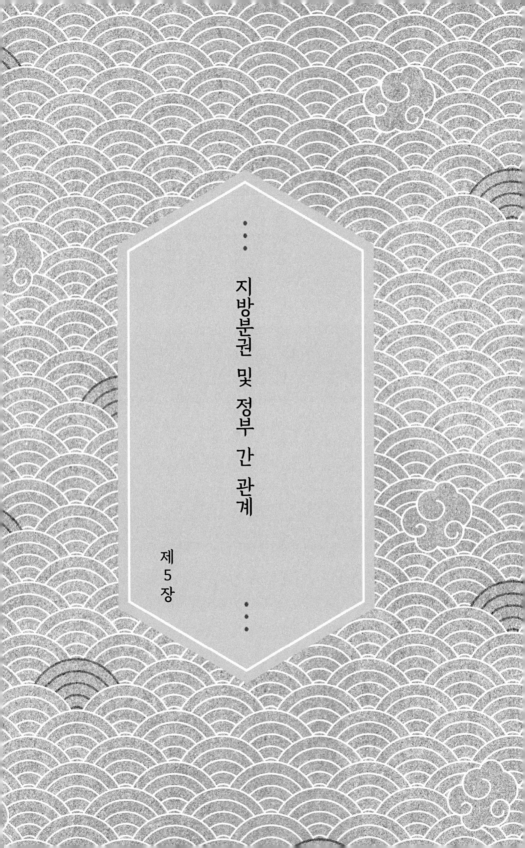

지방분권 및 정부 간 관계

제 5 장

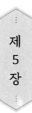

제
5
장

지방분권 및 정부 간 관계

대한민국은 자유민주주의 체제를 채택하고 있다. 이는 자유주의와 민주주의로 구분할 수 있는데, 자유주의는 경제체제를, 민주주의는 정치체제를 의미한다. 민주주의는 고대 아테네부터 현대에 이르기까지 여러 변천이 있어 왔지만, 현대 민주주의로 국한하여 본다면 그 핵심은 주권재민(主權在民)에 있다. 그러므로 형식적 차원에 머물지 않고 진정한 의미의 민주주의를 실현하기 위해서는 국민이 자신의 삶, 복지 및 이해관계 등 직·간접적으로 관련한 사안에 '의미있는 참여(meaningful participation)'가 필요하다. 국민들이 자신의 의견과 목소리를 낼 수 있고 이들의 의견과 목소리가 정부 및 공공기관에서 진지하게 경청될 때 비로소 민주주의가 제대로 작동한다고 볼 수 있다. 민주주의의 성숙과 완성은 지방자치, 지역자치, 나아가 주민자치까지 활성화되고 나서야 비로소 가능한 것이다.

지방분권 혹은 지방자치의 논의는 민주주의와 깊이 연관되어 있다. 행정학에서 정부 간 관계를 연구하는 동기 역시 마찬가지로 더 나은 민주주의의 실현이라고 할 수 있다. 이러한 관점에서 볼 때 해방 이후 우리나라의 지방자치 역사는 실질적 민주주의의 실현과정과 깊게 연결되어 있다.

우리나라 지방자치의 역사는 그리 순탄치 않았다. 1948년 제헌헌법에서 지방자치제를 제도상 보장하였고 1949년 7월 4일 〈지방자치법〉이 제정·공포되기에 이르렀다. 한국전쟁 중이던 1952년 지방의회 선거가 최초 실시됨으로써 지방자치가 비로소 시작되었다. 하지만 1961년 5.16 군사쿠데타 이후 군사혁명위원회는 〈포고 제4호〉를 발표하여 지방의회를 해산해버렸다. 그 후 지방선거와 지방자치는 무기한 연기되었고[1] 지방자치단체는 중앙정부의 일선집행기관으로 전락하였다. 그 후 지방자치제의 부활은 민주화 운동과 궤를 같이하면서 추진되었다. 1987년 6.10 시민항쟁 이후 1991년 지방의회 선거와 1995년 지방자치단체장 선거가 실시됨으로써 지방자치 시대가 본격적으로 막이 올랐다(역사넷, 2023/09/26 자료 접근).

이제 우리나라 지방자치제가 본격화된 지 30여 년이 되었다. 그런데도 중앙-지방 간 관계는 여전히 비대칭적이고 불균형 상태에 있다. 중앙정부는 지방정부에 비해 여전히 많은 권력, 권한 및 자원을 행사하고 있어 지방분권과 지방자치제가 성숙기에 들어섰다고 보기에는 상당히 미흡하다.

정부 간 관계에서도 중앙정부와 지방정부가 대등한 지위에서 수

---

1) 〈유신헌법〉 부칙 제10조에는 "조국 통일이 이루어질 때까지" 지방의회를 구성하지 않는다고 명시하여 의도적으로 지방자치제 시행을 무기한 연기하였다(역사넷, 2023/09/26 자료 접근).

평적·협력적 관계를 구축하고 운영 중이라고 하기에는 미흡한 점이 많다. 재정적 측면만 보더라도 국세 대 지방세는 8:2 정도로 국세가 압도적으로 큰 비중을 차지한다. 물론 지방교부세, 국고보조금과 같은 지방재정조정제도를 통해 많은 재원이 중앙정부에서 지방정부로 이전되고 있기는 하다. 지방정부의 지출이 중앙정부의 지출보다 많고 총지출의 60% 정도를 차지하고 있으니, 세입 자주권은 어렵더라도 지출 자주권은 확보한 것이 아니냐고 주장할 수도 있다. 하지만 현실적으로 갖가지 법적·제도적·행정적 제약과 통제에 묶여 있어 지출 자주권조차도 제대로 행사하지 못하고 있는 게 오늘날 정부 간 재정관계의 현실이다. 지방정부 차원에서 새로운 정책이나 사업을 추진하는 데에도 갖가지 법적·제도적·정책적 제약이 있어 실질적인 자주권을 행사하고 있지는 못하다. 즉, 형식적 지방자치제는 시행되었지만 진정한 의미에서 실질적 지방자치가 실현되었다고 판단하기에는 여전히 부족한 실정이다(정문기, 2023).

이 장에서는 호락논쟁에서 인물성 同論과 異論 각각의 관점에서 지방분권 및 정부 간 관계를 어떻게 이해·접근하고 설명할 수 있는지를 살펴본다. 더불어, 중앙정부 차원의 同論과 異論, 지방정부 차원의 同論과 異論에서 각자 지방분권 및 정부 간 관계를 어떻게 바라볼 것인가에 따라 네 가지 이론적 모형을 도출하고 이를 톺아본다.

1. 지방분권 및 정부 간 관계

정부 간 관계는 각 사회의 구조적 차이가 쉽게 드러나는 정치 제도이다. 단적인 예로 연방제(federal) 국가와 단방제(unitary) 국가에서 지방분권 및 정부 간 관계는 서로 다른 모습과 특성이 나타나기 마련이다. 한국은 오랜 기간 중앙집권적 전통을 지닌 단방제 국가이기 때문에 지방정부는 중앙정부보다 낮은 위치로 자리매김하고 단순히 정책집행기관으로 인식되는 경향이 강했다. 그렇기에 지방자치는 중앙의 권한을 지방으로 나누어주는 분권의 형태를 취하게 되었고, 이는 지방정부가 자율적으로 얻어낸 결과라기보다 중앙정부의 시혜적 조치라는 점에서 온전히 독립성을 띤다고 보기 어려울 것이다. 반면, 건국 초기부터 연방제 국가의 틀을 다진 미국의 경우 각 주(state)의 권한은 하나의 독립된 국가처럼 권한을 유지할 수 있었고 중앙과 지방이라는 예속적·수직적·계층적 구조가 아니라 각자의 자치가 보장된 수평적·독립적 구조의 '평등한 정부의 모임'이라는 인식이 주가 되었다(정문기, 2023).

미국에서 정부 간 관계에 관한 이론적 논의와 기틀이 먼저 시작되면서 연방제와 단방제의 차이점에 관한 논의가 본격화되었다. 정부 간 관계(inter-governmental relations: IGR)란 말에서도 이미 드러나듯이, 해당 용어는 이미 각 정부가 동등하다는 전제를 깔고 논리의 전개를 이어나간다. 그렇지만 이러한 기틀이 자리잡힌 것은 1960년대가 되어서였다. 정부 간 관계 개념이 대두되기 이전에 미국의 국가 통치이념은 연방주의(federalism)였다.

상술된 바와 같이, 미국은 주정부의 권리를 보장하고 자율권을 인정해주는 쪽으로 권력구조가 짜여 있었다. 이러한 기조는 1930년대 경제 대공황이 발생하기 전까지 줄곧 이어졌는데, 이 시기를 '이원적 연방주의(dual federalism)'라고 부른다. 그러나 경제 대공황 이후 경제적 위기와 대규모 실업을 극복하기 위해 주정부에 대한 연방정부의 개입이 늘어났고 연방주의의 개념적 변환이 일어났다. 이 시기에 미국은 주정부를 완전히 무시하지는 않았지만, 연방정부가 그 역할과 기능에 있어 더 이상 유명무실한 존재가 아니라 명확한 구심점으로 대두되면서 연방정부와 주정부가 협력해야 한다는 '협력적 연방주의(cooperative federalism)' 개념이 탄생하기에 이른다.

이후 연방주의 이론은 '연방주의'라는 명칭부터가 연방정부의 우위성을 강조한다는 점에서 '정부 간 관계'라는 명칭이 사용되기 시작했다. 정부 간 관계의 대표적인 모형으로 데일 라이트(Deil Wright)의 세 가지 모형을 들 수 있다. 〈그림 5-1〉에서 보는 바와 같이, 라이트는 연방정부와 주정부를 '대등권위 모형(coordinate authority model)', '포괄권위 모형(inclusive authority model)', '중첩권위 모형(overlapping authority model)'으로 구분한다(정문기, 2023; Wright, 2000).

먼저 대등권위 모형에서 연방정부와 주정부는 상호 간에 독립적이고 자율적 권력관계를 유지한다. 이 같은 모형은 이원적 연방주의에 해당한다. 포괄권위 모형에서는 모든 정치 및 행정 권력은 연방정부의 관할하에 있게 된다. 주정부와 지방정부는 연방정부의 일선기관으로서만 기능하며 단순한 명목상의 통치 주체에 불과할 뿐이다. 이 같은 모형은 명목적 연방주의(nominal federalism), 집권적 연방주의(centralized federalism) 등에 해당한다. 중첩권위 모형에서는 연방정부와 주정부, 그리고 지방정부가 각각 독립된 실체이면서 동시에 상호 의존하는 권력관계를 유지한다. 이 모형에서는 세 수준의 정부가 유사한 정부 활

그림 5-1 라이트(Wright, 2000)의 정부 간 관계 모형

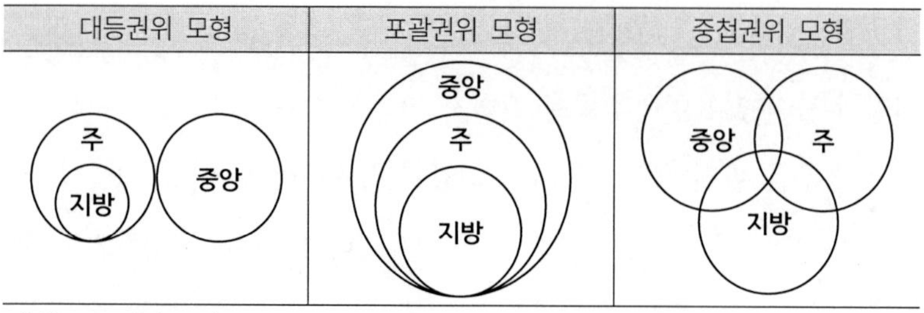
대등권위 모형
포괄권위 모형
중첩권위 모형
주
지방
중앙
중앙
주
지방
중앙
주
지방

출처: Wright(2000).

동과 기능을 동시에 함께 수행하며, 권한의 분산으로 각 정부의 자치권과 재량권은 다소 제한받게 된다. 따라서 정부 간의 협상과 상호관계는 중요해지게 된다. 이 같은 모형은 협력적 연방주의에 해당하며, 라이트는 정부 간 관계에서 가장 이상적인 형태로 파악하였다.

한편, 로데릭 로즈(Roderick A.W. Rhodes)는 영국, 한국과 같은 단방제 국가에서 중앙정부와 지방정부 간의 관계를 설명하기 위한 목적으로 권력-의존모형(power dependence model)을 제시한다(Rhodes, 1999). 로즈는 정부 간 관계에서 여러 정부 간의 권력(power)과 의존(dependence) 개념을 중시하는데, 이는 헌법적-법률적 자원(constitutional-legal resources), 재정적 자원(financial resources), 정치적 자원(political resources), 행정계층적 자원(hierarchical resources), 정보적 자원(informational resources) 등 크게 다섯 가지 자원으로 구분하여 설명을 시도한다.

먼저 헌법적-법률적 자원은 중앙정부가 지방정부의 권한을 규정하는 법률의 제정이 대표적인데, 한국에서는 중앙정부가 지방정부의 설립, 조직 및 운영에 관한 기본적인 법적 틀을 제공한다. 재정적

표 5-1 로즈(Rhodes, 1999)의 권력-의존 모형

자원의 종류	설명
헌법적-법적 자원	• 중앙정부와 지방정부 간 법령이나 헌법적 관례에 따라 배분된 위임 권한이나 자유재량 권한
재정적 자원	• 세금으로 징수된 자금, 차용한 자금, 공공조직이 제공한 서비스 대가로 획득한 자금 등 공공조직의 자금
정치적 자원	• 각 정부의 정책결정 과정에 접근할 수 있는 권한 • 선출을 통한 정치적 직위나 일반대중의 지지에 의해 형성
행정계층적 자원	• 명령을 하거나 순응을 요구하는 일종의 권위 • 계층제하에서 각 조직이 차지하는 위치에 따라 결정 • 계층적 자원의 힘은 대부분 법적 권위에서 비롯
정보적 자원	• 정부 간 관계의 활동 주체들이 보유한 정보나 전문성

출처: 정도효 외(2019).

자원은 중앙정부가 지방정부에 중앙 재원을 배분하는 경우를 생각할 수 있는데, 이는 중앙정부의 예산 배정 결정이 지방정부의 사업 운영과 서비스 제공에 큰 영향을 미친다는 것을 의미한다. 우리나라는 조세법정주의를 채택하고 있어 지방정부가 재정자주권을 행사하는 데 상당한 제약이 있으며 중앙정부에 재정적으로 의존하도록 한다.

이와 반대로, 정치적 자원의 사례로 지방정부가 중앙정부에 영향을 미치기 위해 사용하는 정치적 전략이나 연합을 들 수 있다. 일례로, 지방정부는 대한민국시도지사협의회, 대한민국시장군수구청장협의회, 대한민국시도의회의장협의회, 대한민국시군자치구의회의장협의회 등 연합체를 결성하여 중앙정부와의 협상력을 키우고 그들의 목소리와 이익을 대변하고자 노력한다. 행정계층적 자원의 사례로는 중앙정부의 각종 지침을 들 수 있겠다. 중앙정부가 지방정부에 하달하는 행정지침은 지방정부의 일상적인 운영과 정책 실행에 상당한 권한을 제약하게 된다. 정보적 자원의 경우 지방정부가 중앙정부에 제공하는 지역

데이터나 통계를 예시로 들 수 있다. 이는 중앙정부가 국가 차원에서 중장기적이고 보다 효율적인 정책을 수립하는 데 실질적인 도움을 제공할 수 있다.

이렇듯 중앙정부나 지방정부는 다른 정부에 의존적이면서도 동시에 다른 정부에 대해 영향력을 행사할 수도 있는 역동적인 상호관계를 형성하게 된다. 상술한 다섯 가지 자원을 활용하여 각 정부는 자기 영향력을 확장하려 노력하지만, 그렇다고 어느 한 정부가 일방적으로 통제하거나 지배하는 경우는 극히 드물다. 권력－의존모형에서 정부 간 관계는 상호의존 체제로 한 정부가 일방적인 복종관계를 형성하지 않는다. 이는 앞서 라이트(Wright, 1988)의 중첩권위 모형과 유사하다고 할 수 있다.

아마가와(天川晃, 1986; 박정민, 2008 재인용)는 정부 간 관계를 집권·분권, 분리·융합의 두 차원에서 접근·설명한다. 집권(centralization)·분권(decentralization)은 중앙정부와의 관계에서 지방정부가 가지는 의사결정의 자율성 정도에 근거한다. 반면, 분리(seperation)·융합(interfusion)은 중앙정부와 지방정부 간의 행정 기능과 정책 시행에 따라 구분한다. 지방정부가 자신의 구역 내에 고유 기능뿐만 아니라 중앙정부의 기능을 함께 수행하면 이를 '융합'이라고 한다. 하지만 지방정부의 관할 구역 내에서 지방정부가 아니라 중앙정부의 일선기관이 중앙정부의 기능을 직접 담당할 때는 이를 '분리'라고 한다. 아마가와(天川晃, 1986; 오재일, 2014: 149 재인용)에 따르면, 〈그림 5－2〉에서 보듯이, 일본의 지방자치제도는 메이지 유신 이후 줄곧 1 사분면(집권－융합형)을 유지하다가 태평양 전쟁 후에는 4 사분면(분권－융합형)으로 재편되었

그림 5-2 아마가와(天川晃, 1986)의 집권·분권-분리·융합 모형

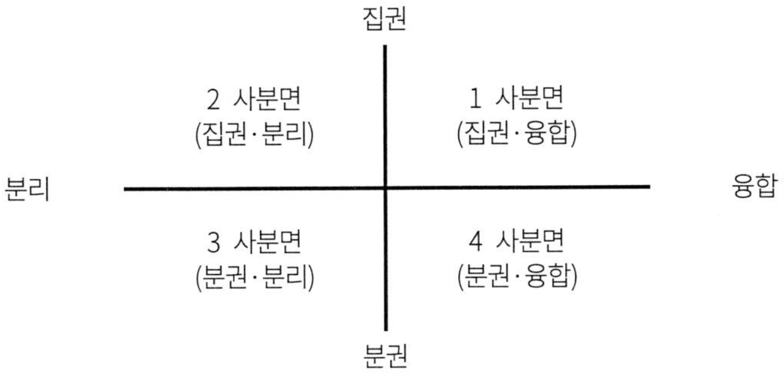

```
                        집권
                         |
   2 사분면          |        1 사분면
   (집권·분리)       |        (집권·융합)
                         |
분리 ─────────────┼───────────── 융합
                         |
   3 사분면          |        4 사분면
   (분권·분리)       |        (분권·융합)
                         |
                        분권
```

출처: 아마가와(天川晃, 1986; 오재일, 2014: 148)의 "〈그림 3 − 4〉 아마가와의 모델" 재인용.

다. 우리나라는 해방 이후 줄곧 1 사분면, 즉 집권−융합형의 정부 간 관계를 유지해 왔다. 그러다가 1987년 6.10 시민항쟁을 거쳐 1991년 지방의회 선거와 1995년 지방자치단체장 선거를 거치면서 본격적인 지방자치 시대가 열렸고, 비로소 4 사분면, 즉 분권−융합형의 정부 간 관계로 전환 중에 있다고 볼 수 있다.

오재일(2014)은 정부 간 관계를 지방정부의 자율성과 의존성을 기준으로 관치 모형(dependent model), 자치 모형(independent model), 상호의존 모형(inter−dependent model)으로 구분·설명한다. 관치 모형에서는 한 지역의 중요한 의사결정은 지방정부가 아니라 중앙정부가 결정하며, 지방정부는 재정 자원 등을 전적으로 중앙정부에 의존하게 된다. 이는 라이트(Wright, 2000)의 포괄권위 모형, 아마가와(天川晃, 1986)의 집권−융합 모형과 유사하다고 할 수 있다. 자치 모형은 중앙정부와 지방정부의 관계는 명확하게 분리되어 있고, 각 정부는 상당한 수준의 자율성·독립성·배타성을 유지한 채 각자 독립적으로 운영된다.

라이트(Wright, 2000)의 대등권위 모형과 같이, 중앙정부와 지방정부 상호 간에 접촉적 관계만을 유지할 뿐이다. 자치 모형은 아마가와(天川晃, 1986)의 분권—분리형과도 유사하다고 할 수 있다. 상호의존 모형은 집권과 분권의 적절한 조화 속에서 각 정부는 상호의존과 협력을 중시한다. 각 정부는 통치 주체로서 고유한 권한과 자주성을 인정받지만, 오늘날 사회적 이슈나 수요는 복잡한 난제(wicked problem)의 성격을 띠므로 정부 간 관계는 상호의존적이고 협력적이어야 한다는 것이다(오재일, 2014: 152-161). 이는 라이트(Wright, 2000)의 중첩권위 모형, 로즈(Rhodes, 1999)의 권력—의존모형, 아마가와(天川晃, 1986)의 분권—융합형과 유사한 특성을 지닌 것으로 파악된다.

2. 인물성동이론 관점에서 지방분권 및 정부 간 관계 담론

17세기 후반부터 시작된 호락논쟁은 그 명칭에서도 확인할 수 있듯이, 지역적 색채와 지역성이 강한 학술적·정치적 논쟁이었다. 호파는 호서 지역(충청도)을 중심으로 한 세력이었고, 낙파는 낙하 지역(서울·경기)을 중심으로 뭉쳐진 정치집단이었다. 하지만 이를 두고서 호파는 지방색이 강한 이론을, 낙파는 중앙집권 성향의 이론을 지지한 것으로 단정해서는 안 된다. 호파가 위치한 농촌지역이 가진 계층적 질서의 엄격함과 낙파가 위치한 한양 수도에서 계층적 질서의 모호화 현상으로 인해 각기 다른 학술적·정치적 견해와 입장을 취하도록 한 요인이었을 뿐이지 이론의 결과물은 아니었던 것이다. 따라서 호파의 '계층 간 구분을 확실히 하자.'는 주장은 17세기 후반 조선 농촌의 현실을 진단하고 내린 사고의 결과물일 뿐이며, '지방의 것을 반드시 유지하고 중앙의 것을 배제해야 한다.'는 논리적 귀결은 결코 아니라는 점을 명심할 필요가 있다. 호파 학자들이 자신의 이론을 근거로 중앙정부를 질타한 것은 자신들이 옳다고 생각한 바를 실천한 것에 불과하며, 자신의 학술적 이론이 지방을 우선하고 중앙의 간섭을 배제해야 한다는 주장은 결코 아니었다.

그렇다면 호락논쟁과 인물성동이론이 오늘날 한국 사회에서 지방분권 및 정부 간 관계를 이해하고 설명하는 데 어떠한 이론적 유용성과 정책 방향성을 제공할 수 있을까. 정부 간 관계를 중앙정부의 관점에서만 단순하게 바라보는 접근방식은 치명적 오류를 초래할 수 있다. 언제나 관계는 일방향적이지 않고 쌍방향적이기 때문이다. 즉, 중앙정부와 지방정부의 각자 입장에서 지방분권 및 정부 간 관계를 파악할 필요가 있다. 따라서 정부 간 관계에 관한 이론적 모형은 중앙정부의 입장에서만 바라본 관계 모형이 아니라, 중앙정부와 지방정부의 입장을 각각 고려한 다차원적 모형으로 재편해야 한다는 주장은 상당한 설득력이 있다고 생각한다.

먼저 중앙정부의 입장에서 인물성동이론을 해석하면 人은 중앙정부, 物은 지방정부에 해당한다. 한국과 같은 단방제 국가에서 정부의 권력과 권한은 중앙정부가 단연 우위에 있으며, 지방정부는 중앙정부 없이 홀로 존속할 수 없다. 그렇기에 정부 간 관계를 실질적으로 판단하는 주체는 중앙정부가 될 수밖에 없으며, 지방정부는 그 대상이 된다.

〈표 5-2〉에서 보는 바와 같이, 인물성 異論에서 중앙정부는 지

표 5-2 인물성동이론 관점에서 정부 간 관계(중앙정부 입장)

인물성		정부 간 관계
	異論 (집권)	권위적/계층적/수직적/통제적
	同論 (분권)	협력적/독자적/수평적

방정부와는 수직적 계층구조 속에서 지방정부에 대해 권위적·통제적 지위와 권한을 행사하려고 할 것이다. 지방정부는 중앙정부의 손발의 위치에 있으며 지방 단위에서 중앙정부의 일선행정기관 역할만을 강요받을 뿐이다. 즉, 지방정부는 중앙정부로부터 권한을 위임받아 기능과 역할을 수행할 뿐인 것이다. 반면, 同論에서는 중앙정부와 지방정부는 각각 독립된 개체로서 수평적이고 대등한 관계를 상정하고 지방분권과 함께 수평적 정부 간 관계를 적극적으로 찬성할 것이다.

다음으로 지방정부의 입장에서 바라보는 정부 간 관계는 중앙정부의 입장과는 다를 수밖에 없다. 〈표 5-3〉에서 보는 바와 같이, 인물성 異論에서 지방정부는 중앙정부로부터 독립적·독자적 지위와 권한을 가지고 있는 것으로 파악된다. 어쩌면 지방정부의 지위와 권한이 중앙정부보다 더 우위에 있으며, 중앙정부 없는 지방정부 간의 연맹체와 같은 극단적인 정부 형태조차 생각해볼 수 있다. 지방정부 간의 관계에서도 지방정부 각자가 지니는 고유한 특성을 인정하고 다양성을 추구하고자 하는 유인이 크게 작동하리라 생각된다. 각 지방정부가 독자성과 독립성을 갖춘 느슨한 연맹체 형태로, 역사적으로 가야연맹체와 같은 사례를 들 수 있겠다.

반면, 同論에서 지방정부는 행정사무, 행정서비스에 있어 중앙정부와의 통합을 지향할 것으로 예상된다. 同論은 중앙과 지방의 사무

표 5-3 인물성동이론 관점에서 정부 간 관계(지방정부 입장)

		정부 간 관계
인물성	異論 (자치)	독립적/독자적/고유성/다양성
	同論 (통합)	통일성/균일성/획일성

구분에 큰 의미를 두지 않을 뿐 아니라, 누가 공평하고 효율적으로 양질의 사무와 서비스를 제공할 수 있느냐에 무게중심을 두고자 할 것이다. 지방정부 간의 관계에서도 동등한 수평적 지위와 권한을 상정하며, 전국적 차원에서 행정사무와 서비스의 통일성, 균일성 및 획일성을 중시할 것으로 보인다. 同論에서 지방분권과 지방자치는 큰 의미가 없다.

3. 현상 이해 및 분석을 위한 개념틀

〈표 5-4〉에서 보는 바와 같이, 중앙정부와 지방정부가 각각 인물성 異論이나 同論 중 어느 입장을 취하느냐에 따라 정부 간 관계에 관한 네 가지 이론적 모형을 도출할 수 있다. 이러한 접근은 단방제 국가뿐만 아니라 연방제 국가에서 지방분권 및 정부 간 관계를 분석하고 이해하는 데 유용한 이론적 개념틀을 제공할 수 있으리라 기대한다.

표 5-4 인물성동이론 관점에서 정부 간 관계의 이론적 개념틀

		지방정부	
		異論 (자치)	同論 (통합)
중앙정부	異論 (집권)	① 집권·자치형	② 집권·통합형
	同論 (분권)	③ 분권·자치형	④ 분권·통합형

첫 번째 모형 '집권·자치형'은 중앙정부와 지방정부 모두 '인성과 물성이 다르다.'는 異論의 입장에 있는 경우로, 이 모형에서는 우리가 흔히 관찰하는 중앙정부와 지방정부 간의 갈등이 발생할 수 있다. 중앙정부는 중앙집권적 통치방식을 지향하는 반면, 지방정부는 중앙정부로부터 자치를 원하기 때문이다. 이러한 유형이 한국의 역사에 실제로 등장한 적은 없다. 정부 간 관계에 관한 한국의 역사를 보면, 끊임없이 중앙정부가 지방의 권력을 뺏어 독점하려는 형태로 진행되어왔다. 고대부터 근세에 이르기까지 한반도에 존재하는 모든 왕조와 국가는 지방이나 지역사회가 가진 권한을 빼앗아 중앙정부가 이를 독점하고자 하였다. 이는 중앙의 통제력이 모든 백성(국민)에게 미쳐 일괄적이고 통일된 행정시스템을 구축하고 법치주의를 확립하는 데 도움이 되었다. 이러한 기조는 광복 이후 잠깐 역전되었다가 제3공화국 이후 다시 중앙집권적 통제로 그 방향성이 복귀되었다. 한국의 역사를 살펴볼 때 지방정부는 중앙정부로부터 독립성과 주체성이 제대로 인정받기가 어려웠던 게 사실이다.

두 번째 모형 '집권·통합형'은 중앙정부는 異論, 지방정부는 同論의 입장에 있는 경우이다. 이 모형에서 중앙정부는 지방정부에 대해 중앙집권적 통치방식을 지향하는 반면, 지방정부는 중앙정부와의 통합을 지향한다고 할 수 있다. 한국의 역사를 살펴보면, 행정역량이 미칠 수 있는 범위에서 중앙정부는 최대한 지방정부를 통제하고 수직적 통합을 시도하였다. 어쩌면 중앙정부는 지방정부로 하여금 '강제적으로' 인물성 同論의 입장을 취하도록 끊임없이 강제하거나 유도하였다고 볼 수도 있지 않을까 싶다. 역사적으로 한국에서 정부 간 관계는 집권·통합형이 지속적으로 강화되는 형태를 보여왔다고 해석할 수 있다.

세 번째 모형 '분권·자치형'은 중앙정부는 同論, 지방정부는 異論의 입장에 있는 경우이다. 이 모형에서 중앙정부는 지방정부로 행정사무의 권한 이양과 함께 지방분권을 추진하며, 지방정부는 중앙정부로부터 자치권 확보를 지향한다고 할 수 있다. 1990년대 접어들어 한국 사회에서 이러한 흐름은 꾸준하게 감지된다. 1990년대 지방자치제도의 부활은 지방정부의 주체성을 회복하는 기점이 되었고, 이들 지방정부는 제도적으로 異論의 입장을 취하도록 강제되었다고 할 수 있다. 지방분권과 지방자치를 추진하는 과정에서 지방정부가 同論의 입장에 머물러 있는 것은 지역주민의 자치권 행사와 지역 고유의 행정수요를 고려하지 않는 후진적 행태로 인식되었고 이를 탈피하도록 요구받았다. 하지만 중요한 행정사무는 여전히 중앙정부에서 담당·관리하는 것이 더 안전하고 효율적이고 전국적 차원에서 균질의 서비스 제공이 가능하다는 인식이 팽배하였다. 그렇기에 중앙정부와 지방정부 모두에서 집권·자치형이 2000년대 초반까지 선호되었다.

한편, 참여정부(2003~2008)가 들어선 후 중앙정부에 지나치게 집중된 권한을 지방으로 내려보내야 한다는 필요성과 공감대가 넓게 형성되었는데, 이는 수도권 집중을 완화하고 국토 균형발전을 도모한다는 정책적 목표와 행보를 맞추는 것이었다. 이에 따라 지방분권화가 강조되기 시작했고, 이 시기 이후 분권·자치형이 새롭게 대두되었다. 지방정부에서도 異論(자치)적 가치가 새롭게 이식되면서 지방정부 스스로 자치성을 강조하고 이를 추진하였던 것으로 보인다.

네 번째 모형 '분권·통합형'은 중앙정부와 지방정부 모두 同論의 입장에 있는 경우이다. 한국에서는 아직까지 등장하지 않은 유형으로 단방제 국가에서 분권·통합형은 현실적으로 존재하기 어려운 게 사실이다. 분권·통합형에서는 중앙정부가 지방정부에 권한과 사무를 대폭 이양했는데도 불구하고 지방정부 스스로 다른 지방정부와 결합하여 하나로 유지되기를 바란다. 연방제 국가가 바로 분권·통합형에 해당한다. 독일이나 미국과 같은 연방제 국가는 각 지방정부가 고도의 자율성을 획득하고 있지만 각자 독립정부로 분리되지 않고 연방국가라는 틀에 자발적으로 통합되어 있다.

　　지역주민의 행정수요를 충족시키기 위한 최선의 방책으로 지방자치제가 대두된 과거와 달리, 개별 지방정부가 감당하기 어려운 광역 수준에서 발생하는 여러 유형의 난제를 해결하기 위한 지방정부 간 협치가 강조되고 있다. 가령 태풍, 지진, 황사와 같은 국가적 단위의 재난 혹은 지역 간 경계를 넘나드는 환경오염 문제와 같이 어느 한 지방정부의 역량만으로는 해결하지 못하는 난제들을 대응하고 해결하기 위해서는 자치권을 강조하기보다 통합성을 확립하자는 의견이 존재한다. 이런 점을 고려할 때 연방제 국가뿐만 아니라 한국과 같은 단방제 국가에서도 분권·통합형에 대한 고려가 필요한 시점이 아닌가 싶다. 실제로 상하수도 서비스와 같이 규모의 경제(economies of scale), 범위의 경제(economies of scope)2)의 실현을 위한 접근이 필요한 행정 사무 및 서비스의 경우에는 협력사업, 사무위탁, 행정협의

---

2) 규모의 경제는 투입 규모가 커질수록 단위당 평균비용이 감소하는 현상을 말한다. 범위의 경제는 한 상품이나 서비스를 생산하기보다는 여러 상품이나 서비스를 생산하면 총비용이 감소하는 현상을 의미한다.

회, 지방자치단체조합, 특별지방자치단체[3]의 설치·운영과 같은 분권·통합형의 노력이 요청될 수 있다.

---

3) 특별지방자치단체는 2022년 1월 13일 〈지방자치법〉 전부개정으로 법제화되었고, "2개 이상의 지방자치단체가 공동으로 특정한 목적을 위하여 광역적으로 사무를 처리할 필요가 있을 때" 설치할 수 있다(제199조 제1항). 최근 부산, 울산, 경남이 공동으로 2022년 4월에 출범했던 '부산·울산·경남특별연합'은 지역 이기주의와 정치 갈등으로 결국 실현되지 못하였다(매일경제, 2024/02/14).

도시환경정책

제 6 장

제
6
장

도시환경정책

　인간과 자연환경 간의 관계는 인류의 과거, 현재 및 미래를 고민할 때 늘 중요한 주제이다. 인류 문명사를 되돌아보면, 인간은 끊임없이 자연환경과의 관계 설정을 통해 문명의 방향을 설정하고 발전의 속도를 결정해왔다. 인류의 문명이 현재까지 수없이 많은 세대에 거쳐 번영과 기술적 진보를 이룰 수 있었던 배후에는 자연이 항상 존재하였다. 그러나 자본주의의 고도화, 과학기술의 발전 및 각종 산업의 발달에 따라 태초에 누렸던 쾌적한 자연환경에서의 삶은 급속하게 사라지기 시작했다. 습지와 산림숲은 식량 및 공업 원료를 생산하기 위한 농경지, 상품 제조를 위한 산업기지 등으로 변모했고, 수송을 위한 도로나 철도가 개설되어 급속도로 환경이 파괴되었다. 산업혁명 이후 인간이 이룩한 문명은 이전과는 비교할 수 없을 만큼 물질적 풍요와 안락한 삶을 담보했지만, 그 반작용으로 태초의 깨끗한 환경을 파괴하고 자원을 고갈시키는 결과를 가져왔다. 소위 문명의 진보로 설명되는 이러한 변화는 인간에게 있어 유례없는 성취로 오랫동안 치부되어왔다.

그러나 지나친 환경오염과 생태계 파괴는 결국 인간의 삶을 피폐 하게 하는 부정적 요인으로 작용하면서 자연환경에 대한 새로운 시각과 관점들이 대두되기 시작했다. 자연을 바라보는 이러한 시도는 도시정책과도 연관성이 깊은데, 인간은 독립적으로 존재하지 않으며 인간 역시 자연의 일부로 파악하기 때문이다. 따라서 자연환경에 대한 인간의 관점과 태도는 환경 개발, 보존, 보전 등의 정책과도 밀접한 관련이 있기 마련이다.

서양에서는 15세기 르네상스 이후로 '합리적 이성' 이념이 지배적인 사상적 배경이 되어 본격적인 상공업의 발달과 실용적인 과학기술의 발전에 따라 기계론적 우주관이 유럽 전체로 확산되었다. 과학혁명은 인류 문명사에서 큰 전환점을 이룬 계기가 되었고 영국에서 시작된 18~19세기의 산업혁명은 근대 자본주의적 산업 발전과 함께, 과학기술과 산업이 밀접한 관계에 놓이게 되었다. 전쟁으로 인한 대량 살상무기 개발, 도시화로 인한 환경 파괴 등은 인간의 이기심으로 인해 자연환경을 무차별적이고 무분별하게 개발·변형시키는 결과를 가져왔다. 환경 파괴와 오염에 따른 '존재론적 불안'과 생존적 위기의식은 2차 세계대전 이후 1960년대 초반부터 본격적인 중요 담론으로 등장하기 시작했다. 이 시기에 출간된 레이첼 카슨(Rachel Carson)의 「침묵의 봄(Silent Spring)」(1962년), 로마클럽(Club of Rome)의 「성장의 한계(Limits of Growth)」(1972년)는 대표적인 환경 고전으로 자리 잡았다. 이렇게 환경 파괴와 오염으로 인해 발생한 각종 난제의 대응과 해결을 위한 노력으로 정부 차원에서 환경정책이 각 나라에서 생겨났고, 환경문제 완화 및 해결을 위해 환경정책 수단, 과정 등을 관리하는 정부의 활동인 환경행정이 등장하였다.

우리나라에서는 1962년 이후 추진된 〈경제개발 5개년 계획〉에 따른 중화학공업 육성 정책의 시행이 환경 파괴와 오염 문제를 심각하게 유발하는 직접적인 원인으로 작용했다. 온산병 발생(1982년), 낙동강 페놀오염 사건(1991년), 시화호 사건(1996년), 태안 기름 유출 사고(2007년) 등 각종 환경 오염과 재난이 끊이지 않고 발생하면서 정부의 환경정책 부재에 대한 비난이 팽배하였다. 특히 우리나라는 과거 고도의 압축적인 경제성장 과정에서 환경 및 생태 가치가 제대로 인식되지 못했고, 환경 보존과 보전을 위한 비용 지출을 경제성장의 걸림돌로 간주하였다. 따라서 환경 및 생태 가치를 고려한 정부의 제반 정책은 그 우선순위가 늘 낮을 수밖에 없었다(김종기, 2004). 1990년대 이후 환경의 중요성이 새롭게 대두되면서 정부의 환경에 대한 투자 확대, 행정 조직과 인력 확충 등 다각적인 정책적 노력을 통해 일부 오염지표의 개선과 같은 환경개선이 이뤄지기도 했다(김종기, 2004).

하지만 우리나라 대기, 수질 등 환경오염과 환경의 질은 국민의 삶의 질을 저해하는 심각한 수준에 머물러 있다. 2018년 우리나라 초미세먼지 농도는 OECD 회원국 중에서 2번째로 높았으며 서울은 전세계 수도 62곳 중에서 27번째로 공기질이 나쁜 것으로 나타났다(경향신문, 2019/03/05).

상수도시설이 널리 보급되어 상수도 보급율은 거의 100%에 가깝고 수돗물의 품질 역시 상당히 개선되었지만, 수돗물에 대한 불신은 여전히 높은 게 사실이다. 일련의 수돗물 사고와 파동4)을 겪으면

---

4) 1989년 '수돗물 중금속 오염 파동', 1990년 발암물질인 '트리할로메탄(THM) 검

서 수돗물에 대한 신뢰는 매우 낮은 수준에 머물고 있다(중앙일보, 2019/06/22). 2013년 한 여론조사에서 일본, 프랑스, 캐나다 등 11개 OECD 회원국에서는 평균 51% 응답자가 수돗물을 직접 음용한다고 응답하였던 반면, 같은 조사에서 한국 응답자는 5%만이 음용하는 것으로 나타났다(한겨레신문, 2019/07/13).

우리나라는 1960년대 이후 이촌향도(離村向都) 현상으로 도시화가 빠르게 진행되었다. 근대화와 산업화가 빠른 속도로 진행되었으나, 우리나라 도시들은 체계적이고 균형적인 도시개발이 이루어지지 못했고 이에 따라 각종 도시문제가 발생하였다. 대도시로의 인구집중은 교통난, 도시기반시설 부족, 환경오염, 노후화, 도시 기능 저하 등의 여러 문제를 유발했다. 1980년대 이후 도시 기능이 고도화됨에 따라 기존의 무분별한 도시개발 방식에서 미래지향적이고 지속가능한 도시환경 정책으로의 변화가 끊임없이 요구되기에 이르렀다.

환경 및 생태 문제는 과학기술의 발전에 따라 일정 부분 해결책이 마련되고 있는 것도 사실이다. 그러나 시대가 빠르게 변할수록 예측하기 어려운 유형의 각종 환경 및 생태 문제가 끊임없이 발생하고 있다. 이는 단순히 과학기술의 발전만으로 금방 해결될 수 있는 문제의 성격이 아니라 정부, 기업 및 시민 차원의 협력적인 거버넌스가 제대로 작동할 때 비로소 강력한 효력을 지닐 수 있다. 또한 환경 및 생태 문제

출 파동', 1991년 '낙동강 페놀 오염사고', 1993년 '수돗물 세균 오염 논쟁', 1994년 '낙동강 유기용제 오염사고', 1997~2001년 '수돗물 바이러스 논쟁', 2012년 '산성 수돗물과 악취 수돗물', 2017~2018년 '미세플라스틱과 과불화합물 오염', 2019년 5월 인천 서구 지역 '붉은 수돗물 사태' 등 일련의 사건과 사고로 국민들의 먹는물에 대한 불안은 여전히 높다.

는 본질적으로 다양한 이해관계에 둘러싸여 있으며, 이에 대응하기 위한 정치적 상황과 담론을 함께 살펴볼 필요성이 있다. 환경 및 생태 담론이 어떻게 형성되고 여론화되어 정책에 반영되는지 그 과정을 살펴봄으로써 한 국가의 정책과제의 방향과 가치를 파악할 수 있다.

정부는 다양한 환경정책을 수립하고 시행하고 있다. 특히 도시지역을 대상으로 한 환경정책은 물리적인 도시 자연환경 변화에만 초점을 두지 않고 사회구조, 경제 기반, 문화, 환경 등 다각도에서 고려한다. 따라서 도시지역에서 정부의 환경정책은 도시화 정도, 도시를 바라보는 시각과 관점에 따라 다양하게 나타날 수 있다. 이 장에서는 인물성 異論과 同論의 관점에서 정부의 도시환경정책을 살펴본다. 특히 도시화 정도에 따라 異論과 同論의 각자 관점에서 도시환경정책을 어떻게 바라보고 어떠한 정책 방향과 수단들이 고려될 수 있는지 이론적 개념틀을 도출하고 이를 톺아본다.

1. 도시화 시대 인간과 자연의 관계

산업혁명 시기를 거치면서 인간은 자연을 오로지 개발가능한 자원으로만 간주하고 인간 자신이 이루고자 하는 목적을 위한 도구나 수단으로만 취급하여 왔다. 이는 서구의 역사에서 지배적인 자연관이었고, 인류역사상 모든 형태의 억압과 차별은 근본적으로 이분법적 분리주의와 지배 논리에서 비롯되었다고 할 수 있다. 이로써 인간은 물질적 풍요라는 목적을 달성했지만 결국 자연 파괴에 따른 자연의 자생력, 안정성 및 자정력을 잃어버리고 오늘날 환경 및 생태 위기 상황

에 직면하게 된 것이다. 이러한 환경 및 생태 위기의 심각성이 국제사
회에 제기되면서 1960년대부터 생태 철학, 생태윤리적 관점들이 새롭
게 등장하기 시작하였다.

1972년 6월 스웨덴 스톡홀름에서 개최된 유엔인간환경회의
(United Nations Conference on the Human Environment: UNCHE)는 지구환
경문제가 국제적인 관심사로 부상하는 결정적인 계기가 되었다. 그 후
20년이 지나 브라질 리우데자네이루에서 〈환경과 개발에 관한 리우
선언(Rio Declaration on Environment and Development)〉을 채택하여 지구
환경질서의 기본원칙으로 삼고 세부 실천 강령 등의 국제협약을 체결
하여 국제적인 협력을 끌어내고자 하였다. 1980년대 중반 이후 냉전의
와해로 인류의 생존이 걸린 환경문제와 지속가능한 개발에 대한 국제
적인 관심이 고조되었으나, 산업화의 가속으로 환경문제의 부정적 파급
효과와 심각성은 더욱 커지게 되었다. 오존층 파괴, 생물종의 다양성 감
소, 기후 위기 등의 환경 문제와 생태 위기는 국가의 경계를 넘어 전 지
구적 차원에서 환경 파괴를 불러왔고, 개별국가만으로는 효과적이고 시
기적절한 대응이 곤란하다는 인식이 확산되기에 이르렀다. 이로써 경제
발전과 환경보전 간의 조화, 지속가능한 발전(sustainable development)을
위한 패러다임이 새롭게 등장하게 된 것이다.

지구상에서 환경문제가 본격적으로 나타나기 시작한 것은 20세
기 초중반 무렵이다. 이 무렵부터 등장한 생태주의(ecology)는 인간과
자연 세계의 상호 동등한 생존권을 주장하며 인간과 자연의 상호 공
생과 공존이 가능한 사회를 지향한다. 존 드라이젝(John S. Dryzek,
1997, 정승진 역, 2005)은 환경문제를 근본적으로 해결할 수 없는 산업사

회의 한계로 이해할 것인지, 아니면 해결가능한 부작용 정도로 이해할 것인지에 따라 환경 담론을 구분하여 설명하고 있다. 달리 말하면, 현재 지구의 생태적 한계를 인정할 것인지, 아니면 성장가능성을 전제로 할 것인지에 따라 구분할 수 있다. 또한 현재 자본주의적 경제방식과 자유민주주의적 정치구조를 유지하는 선에서 해결책을 제시할 것인지, 아니면 새로운 정치와 경제적 대안을 제시하는지에 따라 환경 담론을 구분하기도 한다. 이러한 일련의 논의를 통해 환경 담론은 일반적으로 '문제 해결 담론', '생존주의 담론', '지속가능성 담론', '녹색근본주의 담론' 등으로 구분된다.

이를 간단히 살펴보면, 첫째, 문제 해결 담론에서는 산업사회의 정치경제적 구조를 그대로 수용하면서 환경문제를 해결하는 데 일정한 수준에서 조정이 필요하다는 것이다. 자유민주주의적 정부나 시장 메커니즘을 유지하는 선에서 정부의 다양한 정책들을 통해 충분히 환경 및 생태 문제를 해결할 수 있다는 긍정적인 입장을 견지한다. 이때 환경 및 생태 문제를 해결하기 위한 수단으로 관료제, 민주주의, 시장이 제시된다. 관료제 담론은 시민이나 소비자보다는 전문가나 관료의 역할을 강조하고 평등이나 경쟁보다는 위계적 사회관계를 더 중시한다. 이 담론은 환경 및 생태 문제를 해결하는 데 가장 오래된 담론으로 2000년대 초까지 우리나라 환경정책의 핵심 기조가 되었다. 민주적 실용주의 담론은 자유민주주의라는 틀 내에서 쌍방향적 문제 해결이라는 특징을 가지고 있다. 환경문제를 포함한 어떤 사회문제든지 유연한 참여 과정을 통해 해결하고자 하는 것이다. 경제적 합리주의 담론은 공공의 목표를 달성하기 위해 시장 메커니즘의 활용에 중점을 두는 담론이라고 말할 수 있다.

둘째, 생존주의 담론은 1970년 로마클럽의 노력으로 대중화되어 지구 생태계의 한계를 강하게 인식하고, 지속적인 경제성장, 인구증가, 자원고갈, 환경파괴에 따른 인류 생존의 위기와 위협을 적극적으로 제기한다.

셋째, 지속가능성 담론은 1980년대 들어와 본격화되었으며 환경적 가치와 경제적 가치 사이의 갈등을 해결하기 위한 시도로 이해될 수 있다. 지속가능성 담론은 성장의 한계를 정의하지 않고 오히려 성장의 가능성을 제시한다는 점에서 근본적인 해결책이 되지 못하고 있다는 비판이 제기되고 있다. 지속가능성 담론은 현재까지도 계속 논의되고 있지만, 개념의 모호성뿐만 아니라 지속가능하지 못한 신자유주의적 방식에 따른 산업주의의 확대에 대해 어떠한 해결책도 제시하지 못한다는 한계를 가지고 있다.

넷째, 녹색근본주의 담론은 근본적이면서도 가장 창조적인 담론인데, 산업사회의 정치경제적 구조뿐만 아니라 산업사회에 의해 환경이 개념화되는 방식을 거부한다. 이러한 녹색근본주의 담론은 녹색낭만주의와 녹색합리주의로 구분될 수 있다. 녹색낭만주의는 환경문제의 원인을 인간 중심적인 사고방식에서 찾고 있으며, 인간과 자연의 일체감을 느끼는 자아 인식과 생명 중심적 평등 의식이라는 개인적 차원의 의식 개혁에서 해답을 찾고 있다. 이에 반해, 녹색합리주의는 개인적 의식 개혁에 국한되었던 녹색낭만주의의 한계를 극복하고 사회경제적인 차원의 구조적 문제 해결의 필요성을 강하게 인식한다. 근본 생태주의(deep ecology)는 녹색낭만주의에 포함되며, 사회 생태주의,

생태 사회주의 등은 녹색합리주의에 포함될 수 있다.

드라이젝(Dryzek, 1997, 정승진 역, 2005)은 현재까지 제기된 환경 담론들이 실질적으로 사회구조를 변혁하기 위한 방안으로 '생태적 민주주의'를 제안한다. 드라이젝은 환경 담론 간에는 분명한 차이가 있더라도 상호보완적으로 양립시킬 방법이 있으며 이를 통해 미래지향적 설계가 가능하다고 주장한다. 민주적 실용주의, 지속가능한 발전, 생태적 근대화 및 녹색합리주의 담론은 충분히 성찰적 학습 과정을 거쳐 사회적 학습이 가능하므로 생태적 민주주의로 발전할 가능성이 높다는 것이다. 생태적 민주주의가 실현되면, 인간과 인간의 소통, 인간과 자연의 소통이 실질적으로 이루어질 수 있다고 주장한다(Dryzek, 1997, 정승진 역, 2005). 이러한 노력에도 불구하고 서양의 환경 및 생태 철학의 한계점은 끊임없이 나타나고 있다.

근본적인 생태 난제를 해결하기 위한 노력의 하나로 자연친화적이고 생태중심주의적인 사유가 오랫동안 축적되어 온 동양의 사상과 철학에 주목하기 시작하였고 전 지구적 생태 위기 해결의 대안을 모색하기 위한 다각적인 시도를 해오고 있다. 이를 통해 서구적 자연관에 내포된 한계를 지적하고 유불도(儒佛道)로 대표되는 동양의 자연관을 통해 생태학적 연계성을 파악하자는 것이다. 자연과 인간의 끊임없는 순환 연계 고리로 보는 전일적 실재관(全一的 實在觀)과 동양의 유기체적 일원론(有機體的 一元論)과는 일맥상통하는 지점이 상당 부분 존재하므로 현재의 생태위기를 극복할 수 있는 방안으로 동양의 자연관을 다시금 살펴보고, 새로운 환경 담론체계 구성을 위한 다각적인 노력이 요구되고 있다.

2. 인물성동이론 관점에서 도시환경정책 담론

인류의 역사는 도시화(urbanization)와 함께 진행됐다고 해도 지나친 말은 아니다. 인류문명 이후 천 년이 넘는 시간 동안 인간은 쉼 없이 도시를 건설해왔다. 유엔해비타트(UN-Habitat: 유엔인간정주계획)가 발간한 「2020 세계 도시 보고서(World Cities Report 2020)」에 따르면, 전 인류의 56.2%가 현재 도시에 거주하고 있으며 도시가 GDP의 80% 이상을 담당하고 있다. 또한 2030년에 60.4%, 2050년에는 66%의 인류가 도시에 거주할 것이라고 예상하고 있다(유네스코한국위원회, 2021/02/01). 도시는 자연적으로 서서히 발생하기도 하지만 우리나라처럼 급격하게 성장하며 발달하기도 한다. 도시의 발전은 탄생, 성장, 쇠퇴, 소멸의 과정을 겪으며, 도시를 둘러싼 환경개선 정책의 하나로 등장한 것이 '도시재생(urban regeneration)'이라는 개념이다.

서양의 학자들이 동양적 자연관에 관심을 가지는 이유는 서구적 근대성의 한계를 극복하고 인간과 자연 간의 조화를 이룰 수 있는 사유체계와 실천 방안을 모색하기 위해서다. 동양 철학에서 인간은 하늘로부터 왔음을 기본적인 전제로 하며, 마음을 중심으로 하여 인간을 돌아보고 하늘을 회복하려 노력하며 이를 실천하기 위한 수신과 수양을 강조한다. 한국에서는 유교, 불교, 도교, 동학 등의 다양한 정신문화를 바탕으로 한 생태 철학이 현재까지도 심층적 근본을 이루고 있다. 다만 이들 사상은 시기적으로 전근대 사상으로 오늘날의 환경 및 생태 문제에 대한 대안으로서 분명한 한계점이 존재한다. 한 예로, 성리학의 생태학적 관점은 유기체적 자연관과 우주론에 입각해 있으므로 인문주의적 생태주의에 가깝다고 볼 수 있다.

환경 및 생태 문제는 과학기술 만능주의에 그 원인이 있으며 이를 해결하기 위한 대안으로 과학기술에 다시 의존하지 않을 수 없는 실정을 고려하더라도, 자연에 대한 인간의 관점과 태도를 근본적으로 변화시키지 않는 한 환경 및 생태 문제에 대한 해결은 한계에 봉착할 수밖에 없는 것이다. 따라서 자연을 대하는 인간의 인식과 태도를 고찰하고 새로운 대안적 탐색을 위한 치밀한 논의 과정은 분명 필요해 보인다.

조선 후기 노론 내 호론과 낙론 간의 뜨거운 학술적·정치적 논쟁이었던 인물성동이 논쟁은 인간과 자연을 바라보는 인식, 관점 및 태도에 유의미한 시사점과 방향성을 제시할 수 있다. 먼저 인물성 異論에서 人은 인간, 物은 자연환경이다. 異論은 공리주의적 시각과 태도에 입각하여 자연환경은 인간의 삶과 복지를 위한 이용과 관리의 대상에 불과하다는 입장에 서 있다. 따라서 도시지역에서 자연 생태계는 도시민의 거주와 활동을 위한 개발, 이용 및 관리의 대상일 뿐이다. 한편, 인물성 同論에서는 인간과 자연은 본질적으로 동등하다고 본다. 이는 결국 만물평등사상, 만물일체사상, 사해동포주의 등으로 불릴 수 있다. 同論의 입장에서는 도시지역 내 자연 생태계는 인간과 자연의 조화로운 삶을 지향하고 지속가능한 생태도시(sustainable eco-city), 공생적 생태도시(symbiotic eco-city)를 지향할 것으로 파악된다.

표 6-1 인물성동이론 관점에서 도시환경정책

인물성		도시환경정책
	異論	도시개발, 도시 재건축 및 재개발, 환경관리주의
	同論	도시환경 보존 및 보전, 생태도시

3. 현상 이해 및 분석을 위한 개념틀

오늘날 도시환경정책을 이해하고 분석하기 위한 이론적 개념틀을 도출하기 위해 인물성 異論과 同論의 각 관점에서 도시화 정도에 따른 도시환경정책 모형을 다음 〈표 6－2〉와 같이 네 가지 모형으로 분류하여 설명할 수 있다.

표 6-2 인물성동이론 관점에서 도시화 정도에 따른 도시환경정책 모형

		도시화율	
		낮은 도시화율	높은 도시화율
인물성	異論	① 도시개발	② 환경관리주의 (도시 재건축 및 재개발)
	同論	③ 환경보전, 환경보존	④ 지속가능한 생태도시, 공생적 생태도시

첫째, '도시개발(urban development, 낮은 도시화율 異論)' 모형으로, 도시화율이 낮은 지역에서 빠른 도시개발을 추진할 것으로 예상된다. 도심 지역과 주변 지역 간의 발전 격차는 정당화되고, 성장거점 전략(growth pole strategy)[5]과 같은 도심 지역의 집중 투자와 개발 전략을 선호한다. 교통 노선, 건물 배치 등은 도심으로 집중되고 도심을 중심으로 방사선 형태로 도시 개발을 추진한다. 애초에 도시인과 시골 사

---

5) 성장거점 전략은 1955년 프랑스 경제학자 페로(F. Perroux)의 성장극 이론(growth pole theory)에서 출발하는데, "성장 잠재력이 높은 도시나 지역의 중심지(nodal point)를 집중 투자·개발하면 그 개발효과가 주변 지역으로 확산하여 지역 전체의 발전을 유도하게 된다는 지역개발 전략"을 말한다. 성장거점 전략에서는 선도산업(propulsive industry)의 역할, 극화효과(polarization effects), 집적경제(agglomeration economics), 파급효과(spread effects) 등을 강조한다(국토연구원, 2009/12/18).

표 6-3 도시 재개발 · 재건축과 도시재생의 차이

구분	도시 재개발·재건축	도시재생
추구 가치	교환 가치	사용 가치
주체	토지자산가와 개발업자	거주자 중심의 지역공동체
대상	수익성이 있는 노후된 도심 지역	자력 기반을 상실하여 정부의 자원으로 기반 조성이 필요한 지역
방식	주택, 인프라와 같은 물리적 정비 중심으로 추진	총체적 기능(경제적·사회적·물리적·환경적 기능) 개선 및 활성화
목적	부동산 가격 상승	기존 주민의 삶의 질 향상

출처: 박윤환 외(2022: 94). "〈표 4-2〉 기존 도시 정책과 도시재생의 차이" 수정.

람의 관계성, 도시인 간의 교류와 소통 등은 진지하게 고려하지 않고, 경제적 효율성, 도시집중에 따른 경제적 이익만이 중요시된다. 이 모형에서는 환경의 질, 녹지 공간 조성, 대기질 개선, 생태계 다양성과 같은 환경·생태적 가치는 도시개발 추진 과정에서 끼어들 여지가 거의 없게 된다.

둘째, '환경관리주의(environmental management, 높은 도시화율 異論)' 모형으로, 도시화율이 높은 지역에서 기존 노후화된 도심 지역에 대한 재개발, 재건축, 인프라 건설 및 투자 등을 통해 도심 지역의 집중화와 고도화를 추구할 것으로 예상된다. 〈표 6-3〉에서 보는 바와 같이, 도시 재개발 및 재건축은 추구 가치, 주체, 대상, 방식, 목적 등에서 도시재생과는 큰 차이를 보인다. 도시 재개발(urban redevelopment) 및 도시 재건축(urban reconstruction)은 교환 가치와 부동산 가격 상승에 목적을 두고 추진하며 대체로 토지자산가와 개발업자들이 재개발과 재건축의 핵심 세력으로 참여한다. 수익성이 높은 구도심 지역을 주된 대상 지역으로 하며, 주택, 인프라와 같은 물리적 정비를 중심으로 추진하게 된다. 반면, 도시재생은 사용 가치와 기존 주민의 삶의 질 향

표 6-4 생태도시 유형

명목적 생태도시	지속가능한 생태도시	공생적 생태도시
• 보전보다 개발 중시 • 현세대의 이익 보호 및 증식 • 환경관리 중심의 성장 지향적 개발 • 인간 위주의 개발	• 보전과 개발의 부분 조화 • 현세대와 미래세대의 이익 보호 • 지속가능한 개발 • 인간 위주의 개발과 보전	• 보전과 개발의 완전 조화 • 현세대와 미래세대의 이익 보호 • 인간과 자연의 공존 공생 • 유기체로서 개발과 보전

출처: 박길용(2021: 51). "〈표 2-1〉 생태도시 조성과 완성 정도에 따른 개념 분류" 인용.

상에 목적을 두며, 참여 주체는 기존 주민을 중심으로 형성된 지역공동체라고 할 수 있다. 정부의 지원으로 기반 조성이 필요한 지역을 주요 대상 지역으로 하며, 경제·사회·물리·환경 등 총체적 기능의 개선 및 활성화를 중심으로 추진한다.

이와 더불어, 환경관리주의 모형은 〈표 6-4〉의 생태도시 유형 중에서 '명목적 생태도시(token eco-city)'에 해당한다. 명목적 생태도시는 환경관리 중심의 성장 지향적 개발을 추구하며, 환경·생태적 가치에 대한 고려와 배려 없이 현세대의 이익을 보호하고 증식하기 위한 방식으로 도시개발을 추진하고자 한다.

셋째, '환경보전 모형(environmental conservation, 낮은 도시화율 同論)'과 '환경보존 모형(environmental preservation, 낮은 도시화율 同論)'을 들 수 있다. 대체로 두 모형 모두에서 도시개발 모형이나 환경관리주의 모형에 비해 사회적 할인율은 낮다고 할 수 있다. 하지만 〈표 6-5〉에서 보듯이, 인간과 인간의 관계에서는 환경보전과 환경보존 모두 同論을 취하겠지만, 인간과 자연의 관계에서 환경보전은 異論을, 환경보존은 同論을 각각 취할 것으로 판단된다.

환경보전 모형에서는 도심지 거주인과 주변부 거주인 모두 동등

표 6-5 환경보전 모형과 환경보존 모형의 유사점 및 차이점

	사람과 사람의 관계	사람과 자연의 관계
환경보전 모형	同論	異論
환경보존 모형	同論	同論

하게 대우받아야 하며, 현세대만큼 미래세대 또한 똑같이 바라본다. 그렇지만 도심지 거주인과 주변부 거주인, 현세대와 미래세대 모두의 이익과 생존을 보장하고 증진하기 위해서는 지속가능한 방식으로 자연환경과 생태계의 이용과 관리를 추구한다. 반면, 환경보존 모형에서는 자연환경과 생태계에 대한 인간의 이용과 보호 관리보다는 인위적인 개발 없이 자연 상태, 생태계 그대로 보존해야 한다는 점을 강조한다. 인간과 자연의 동등한 가치를 인정하고 인간과 자연의 조화로운 삶을 지향하기 때문이다.

넷째, '지속가능한 생태도시(sustainable eco-city, 높은 도시화율 同論)' 모형과 '공생적 생태도시(symbiotic eco-city, 높은 도시화율 同論)' 모형을 들 수 있다. 인물성동이론 관점에서 두 모형의 유사점과 차이점을 자세하게 들여다보면, 도시개발 모형이나 환경관리주의 모형에 비해 사회적 할인율은 낮다고 할 수 있다. 하지만 지속가능한 생태도시는 인간과 인간의 관계에서는 同論, 인간과 자연의 관계에서는 異論에 가까운 반면, 공생적 생태도시는 인간과 인간의 관계, 인간과 자연의 관계 모두 同論에 가깝다고 할 수 있다.

지속가능한 생태도시 모형에서는 도시화율이 높은 지역에서 도심지 거주인과 주변부 거주인, 현세대와 미래세대 모두 동등하게 대우받고 이들의 이익 또한 똑같이 보호받아야 한다고 본다. 하지만 인간과 자연환경의 관계에서는 여전히 인간 중심적이고 인간 위주의 개발과

표 6-6 지속가능한 생태도시 모형과 공생적 생태도시 모형의 유사점 및 차이점

	사람과 사람의 관계	사람과 자연의 관계
지속가능한 생태도시 모형	同論	異論
공생적 생태도시 모형	同論	同論

보전을 지향한다고 말할 수 있다. 따라서 환경보전과 개발 사이에서 부분적인 조화만을 추구할 것으로 보인다. 이와 달리, 공생적 생태도시 모형에서는 도시화율이 높은 지역에서 환경보전과 개발 간의 완전한 조화, 인간과 자연의 공존 공생을 지향하며, 인간과 자연환경을 하나의 유기체로 파악하고서 환경보전과 개발을 동시에 추구한다고 볼 수 있다. 즉, 공생적 생태도시 모형에서는 인간과 자연의 동등한 가치를 인정하고 인간과 자연의 조화로운 삶을 지향할 것이기 때문이다.

인물동론 관점에서 도시환경정책

본문에서 살펴보았듯이, 인물성 異論의 입장에서 도시화율에 따른 모형의 유형화는 상대적으로 명확하게 드러나지만, 同論의 입장에서는 다시 두 갈래로 구분된다는 것을 확인할 수 있다. 이는 인간의 시각에서 자연을 바라볼 때 형이하학적 차원에서 자연(物)과 인간(人)의 차이를 직관적으로 연계한 호론의 주장과 달리, 고차원적인 철학적 고찰을 배제하고 현상을 관찰했을 때 낙론은 '인(人)과 물(物)의 성(性)이 같다는 것'에 관한 논리를 설득하는 데 더 큰 노력이 필요하기 때문이다.

부언하면, 인물성 同論의 함정은 인간과 자연을 바라볼 때 정말로 인간과 자연을 동등 혹은 동일하게 바라보는 것이 가능한가에 관한 본질적 질문이 반드시 따라온다는 데 있다. 진실로 인간과 자연이 완전히 수평적 관계이고 서로 동등하다고 인식한다면, 도시화 정도에 따라 환경보존 모형이나 공생적 생태도시 모형을 채택할 것으로 보인다. 한편, 자연도 인간만큼 중요하지만 그 기질의 차이(원리가 아닌 실체적 차원에서의 차이)를 인정한다면, 도시화 정도에 따라 환경보전 모형이나 지속가능한 생태도시 모형을 선택할 수밖에 없는 것이다.

이러한 인물성 同論의 약점은 이미 낙론계 내부에서 제기되고 논

김원행(金元行, 1702~1772)

조선 후기의 문신이자 성리학자이다. 본관은 안동(安東), 자는 백춘(伯春), 호는 미호(渼湖)·운루(雲樓)이다. 도암 이재의 문인으로, 낙론을 지지하는 대표적인 학자로 활동했다. 주요 저서로는 『미호집』 등이 있다.

홍대용(洪大容, 1731~1783)

조선 후기의 유학자이자 실학자이다. 본관은 남양(南陽), 자는 덕보(德保), 호는 홍지(弘之)이다. 담헌(湛軒)이라는 당호(堂號)로 널리 알려져 있다. 미호 김원행의 문인이며, 실학자 연암 박지원과는 친분이 깊었다. 주요 저서로는 『담헌서』, 『의산문답』 등이 있다.

박지원(朴趾源, 1737~1805)

조선 후기의 문신이자 실학자이다. 본관은 반남(潘南), 자는 미중(美仲)·중미(仲美), 호는 연암(燕巖)·연상(煙湘)·열상외사(洌上外史)이다. 북학파의 대표적인 실학자로 활동했다. 주요 저서로는 『연암집』 등이 있다.

의된 바 있다. 실제로 인물성 同論은 호락논쟁 당시 낙론계 종장이던 미호(渼湖) **김원행(金元行)**, 담헌(湛軒) **홍대용(洪大容)**, 그리고 연암(燕巖) **박지원(朴趾源)**에 이르면서 더욱 확장되었다. 인물의 본성만을 논의한 낙론계 학자들과 달리, 북학파에 이르러서는 人과 物 그 자체의 같음을 주장하는 이른바 '인물동론(人物同論)'으로까지 논의가 전개되었다. 본성론과 심론으로 구분되었던 초기 호락논쟁과 달리, 인물동론은 인물성 同論으로부터 더욱 심화·전개된 이론이다. 박지원의 인물동론에서는 본성과 마음을 구분하여 따로 볼 것이 아니라 人과 物 그 자체의 동일성을 논하게 된다. 즉, 人과 物이 존재 의미와 목적, 생의 의지[生意]를 가지고 이 땅에 존재하는 것만으로도 이미 동등한 가치를 부여

심화 표 6-1 인물성동이론 및 인물동론 관점에서 도시환경정책의 심화 모형

		도시화율	
		낮은 도시화율	높은 도시화율
인물성	異論	도시개발 (환경보호 및 보존 고려 낮음)	환경관리주의 (도시 재개발 및 재건축, 명목적 생태도시)
	同論	환경보전 (현세대와 미래세대 고려)	지속가능한 생태도시 (지속가능한 개발, 도시재생)
인물동론		환경보존 (환경 그대로 유지·보존)	공생적 생태도시

받게 된다(김은영, 2019). 이러한 인물동론을 고려하여 본문 〈표 6-2〉의 도시환경정책 모형을 정치화하면, 〈심화 표 6-1〉과 같이 확장될 수 있다.

다문화정책

제
7
장

제
7
장

다문화정책¹⁾

　어느 사회든 인적 구성원의 동질성을 판단할 때 우리는 가장 먼저 문화적 동질성(cultural homogeneity)을 떠올릴 것이다. 이는 근대 국민국가 등장 이후 국가의 기본 요소 중 하나로 문화적 동질성(민족, 혈통, 역사적 전통 등)이 강조되었기 때문이다(Gans & Ganz, 2003). 물론 국가를 구성하고 이해하는 데 한 가지 구분만을 활용하는 것은 사회의 총체적 이해에 방해가 될 수도 있다. 하지만 이러한 문화적 구분이 상대적으로 용이한 정책 분야가 있는데, 바로 외국인 정책이다.

　외국인 정책은 전통적으로 다문화정책과 긴밀하게 연계되어 있는데, 한 사회를 구성하는 국민의 구성 분포에 따라 정책을 달리 적용해야 한다는 현실적 이해 때문이다. 가령 대중적 구분 중 하나인 동화주의/다문화주의 정책은 비주류 문화를 유지하고 있는 구성원의 비율이 높은 사회에서 고려되고 있는 정책의 분류라고 할 수 있다. 반면, 상

---

1) 이 장의 논의 내용은 정회원(2021)과 정회원 외(2021)를 기저로 수정·보완하였음을 밝힌다.

대적으로 주류 문화로 통합되거나 다른 문화가 아예 존재하지 않는 사회에서는 해당 정책이 전혀 존재하지 않거나 그 중요성이 인지되지 않는 경우를 더러 발견할 수 있다. 이러한 관점에서 볼 때 서구 사회가 다문화사회를 긍정하고 다문화주의를 실제 정책에 녹여 활용하는 것은 서구 사회의 역사적 맥락에 따른 것이라 할 수 있다.

반면, 한국 사회는 오랫동안 단일문화사회(monocultural society)의 전통을 유지해 왔고 이에 따라 다문화정책의 발전은 상대적으로 더딜 수밖에 없었다. 한국은 '단일민족 서사'를 추종하며 혈통주의에 입각한 정책을 시행해왔다. 1980년대까지 한국의 다문화정책은 '민족＝국민'이었다. 그렇기에 이질적 문화 집단에 대해 배타적이고 동화주의적 행보를 보여 왔다. 그러나 1990년대를 거쳐 21세기에 접어든 지금 외국인 이주민(주로 외국인 노동자와 결혼이민자)의 숫자는 지속적으로 증가하여 더 이상 무시할 수 없는 규모가 되었다. 법무부 출입국사무소에서 발표한 바에 따르면, 외국인 인구비율은 2018년 236만 7,607명으로 전체 인구 대비 4.57%에 해당하며, 인구학적 기준에 근거하였을 때 다문화사회로 나아가고 있음을 말해준다(Troper, 1999).

이러한 환경 변화에 맞추어 한국은 다양한 다문화정책을 수립하고 실시하고 있다. 그러나 다문화정책의 이론적 근거에 관한 연구는 그리 많지 않으며, 그나마 존재하는 연구의 경우에도 한국 사회의 현상을 고유의 행정이론으로 분석하기보다는 서구 이론을 무분별하게 그대로 한국 사례에 대입하고 있는 경우가 대부분이라 할 수 있다. 그렇기에 한국 사회에서 다문화정책의 이론적 근거는 우리의 현실과 동떨어진 서구 이론을 기반으로 한 경우가 많다. 이러한 이론과 현실의 간극은 정부로 하여금 왜곡된 정책 수요를 바탕으로 적실치 못한 정책의 결정과 집행을 야기할 수 있다.

이 장에서는 호락논쟁에서 인물성 同論과 異論의 각 관점에서 다문화 현상을 어떻게 설명할 수 있는지 살펴본다. 무엇보다도 同論과 異論에서 내국인과 외국인 각자의 시각에서 다문화정책을 어떻게 바라보는지에 대해 네 가지 이론적 모형을 도출하고 이를 톺아본다.

1. 다문화정책

다문화정책의 기조는 크게 두 가지로 나눌 수 있다. 즉, 소수 문화에 대해 포용적 태도를 취하는 다문화주의(multiculturalism)와 배타적 태도를 취하는 동화주의(cultural assimilation)로 구분된다. 다만 오해하면 안 되는 것은 모든 다문화정책이 이 두 부류 중 하나에 속하는 것만은 아니라는 점이다. 말하자면, 다문화주의와 동화주의는 일직선상에 있는 양극단으로 둘 사이에는 무수한 지점이 속해있으며 연속성을 지닌다. 그러므로 모든 다문화정책은 이 직선상의 어느 한 지점에 위치한다고 볼 수 있다.

다문화주의는 다원주의(pluralism)와 연계되는 개념으로, 다양한 문화적 배경을 가진 사회 구성원들이 서로 배타적 태도를 취하지 않고 상호 존중할 수 있는 분위기를 형성하고자 하는 태도를 일컫는다(Gutmann, 1994). 다문화주의를 표방하는 사회는 주류 문화와 비주류 문화를 구분하지 않으며, 상대적으로 소수의 입장에 위치한 문화 집단일지라도 다수의 편안함을 위해 희생을 요구받지 않으며 모두 자신의 정체성을 유지한 채 공존할 수 있는 질서를 확립하는 데 목표를 둔다 (Modood, 2007).

다문화주의는 서구 국가를 설명하는 데 있어 빠지지 않고 등장하는 개념인데, 이는 18~19세기 근대 국민국가(nation-state) 형성기에 하나의 국민성을 확립하는 과정에서 다양한 문화의 존재라는 현실적 한계를 극복하기 위해 등장하였다(Zarate, 2011). 현대적 의미에서 다문화주의가 정착된 것은 2차 세계대전 당시 발생한 인종 청소(ethnic cleansing)[2]의 충격에 대한 반작용이라고 할 수 있다(Vertovec & Wessendorf, 2010).[3] 다문화주의는 이후 서구 사회에서 그 위상을 지속적으로 높여갔는데 미국에서 민권운동(Civil Rights Movement) 역시 이러한 흐름과 연관이 있다.

한편, 다문화주의가 단순한 사상적 개념이 아닌 실제 정책으로 이어진 결과물은 1970년대 이후 주로 서구 국가군에서 발견할 수 있다. 다만 국가마다 그 도입 배경은 상이한데, 이는 각 국가의 사회적 배경이 다르기 때문으로 보인다. 가령 미국의 경우 인종 차별과 다문화정책이 연관되어 있는 것은 민권운동의 영향이라 할 수 있다. 이 운동 이후 미국은 동화주의 정책의 위험성을 인지하고 지나치게 주류 문화(Anglo American)에 치우쳐 있는 미국의 교육 방식과 내용을 개선하고자 노력하였다(Banks, 1981). 이와 달리, 캐나다는 프랑스 문화가 중심이 된 퀘벡 주(Quebec)와 영국 문화가 주류인 나머지 지역이 국가

---

2) 나치에 의한 홀로코스트(Holocaust)가 대표적 사례다.
3) 베센도르프(Wessendorf)는 이를 '인권혁명(human rights revolution)'이라 부르기도 한다.

성립기부터 함께 존재하였기 때문에 이중문화주의(biculturalism)가 일찍부터 정착하였으므로 다문화주의로 진화하는 데 큰 어려움이 없었다(Wayland, 1997).

이렇듯 각 사회나 국가가 지닌 특수한 배경에도 불구하고 서구사회가 대체로 다문화주의를 공식적으로 채택하는 데는 그들 사회가지닌 공통분모의 역할이 지대하였다. 이는 서구 사회가 오랫동안 '모자이크 문화(cultural mosaic)'의 전통을 지니고 있었기 때문이다(Claval, 2001). 역사적으로 이러한 전통이 있었기에 다문화주의는 서구 사회에서 긍정적 가치로 인식되며, 현재는 물론 더 나은 미래를 위해 지속적으로 추구해야 할 가치로 인식되어왔다(Kymlicka, 1996, 2001; Parekh, 2001; Modood, 2007).

다문화주의는 다양한 파생 이론들을 탄생시켰는데 모자이크 문화역시 다문화주의를 상징하는 은유(metaphor)이다. 캐나다는 다문화사회가 잘 자리 잡고 있다는 평가가 많은데(Burgess, 2001), 이러한 인식을 반영하듯이 이웃 국가인 미국에서 캐나다를 묘사할 때 모자이크문화라는 말을 많이 사용한다. 이 밖에 '샐러드 그릇(salad bowl)', '쪽모이 사회(patchwork society)' 등 다문화사회를 묘사하는 용어나 이론들이파생되었다.

하지만 다문화주의에 대한 긍정적 인식만 존재하는 것은 물론 아니다. 비판론자들은 다문화주의가 사회 안정성을 약화시키는 등의 부정적 효과를 야기한다고 주장한다(Fearon & Laitin, 2003; Baldwin & Huber, 2010). 많은 사람이 믿는 바와 달리, 미국 내 40개 공동체(2만 6,200명)를 10년간 통시적으로 연구한 결과에 따르면 다문화주의가 오히려 사회적 신뢰를 약화시키는 것으로 나타났다(Putnam, 2007). 그렇기 때문에 서구에서는 다문화주의에 대한 맹목적 믿음보다는 다문화주의가 가진 장점을 취하면서 단점을 보완할 수 있는 제도적 장치와 정책을 마련하고자 노력하고 있다.

한편, 다름을 인정하고 허용하는 다문화주의와 달리 다름을 허용하면 안 된다고 하는 동화주의가 존재한다. 동화주의자들은 비주류 문화는 주류 문화에 흡수되거나 적어도 주류 문화의 주요 가치를 추종해야 한다고 믿으며(Spielberger, 2004), 동화가 완벽하게 이루어진다는 것은 비주류 집단이 주류 집단과 전혀 구분되지 않는 상태로 인식된다는 것을 의미한다(Pauls, 2019/08/21 자료 접근).

동화주의를 적극적으로 활용하고 시행했던 역사적 사례로 스페인 제국의 아메리카 대륙에 대한 식민지 정책에서 확인할 수 있다. 스페인 사람들은 아메리카 대륙에 식민지를 세우면서 기존에 살던 원주민의 문화를 인정하고 공존을 택하기보다 그들의 문화를 말살하고 자신들의 문화를 강제 이식하여 사회를 다시 형성하려 하였다. 그들은 원주민에게 먼저 카톨릭으로 개종을 강요했고, 개종 이후 종교적 권위에 순응하기를 강제했다(Hussey, 1932). 이러한 정책의 의도는 원주민이 스페인식 사회·정치를 자연스럽게 받아들이도록 유도하는 데 있었다(Moses, 1898). 또한 스페인은 강력한 언어 동화정책을 시행했는데 결과적으로 라틴아메리카 지역을 하나의 문화권으로 형성하도록 하였다(김우성, 2014).

스페인 식민정책에서 볼 수 있듯이, 동화주의는 잘 시행되고 완료되면 사회 안정성을 가져올 수 있다는 점에서 유용한 도구일 수 있다. 다만 동화주의는 이질적 집단을 강제적으로 바꾸는 행위라는 점에서 크나큰 반발을 불러올 위험이 존재하며, 동화정책 시행 과정에서 오히려 사회 안정성을 해칠 가능성이 크다. 문화상대주의 관점에서 소수 문화의 말살이 과연 도덕적으로 옳은 것인가에 관한 윤리적 문제 역시 제기된다.

그런데도 동화주의는 많은 학자에게 호응을 얻고 있는데 그 이유는 다음과 같다. 다문화주의는 그 정책이 성공하더라도 언제든지 이질적 문화 간 연결고리가 깨질 가능성이 존재한다는 것이다. 따라서 연결고리를 튼튼하게 유지할 수 있도록 지속적 노력을 기울일 필요가 있지만, 동화주의는 상술된 부작용에도 불구하고 일단 완전하게 정착된 이후에는 후속 처리가 필요 없다는 점에서 매력적으로 보일 수 있다.

동화주의에서 파생된 개념으로 '용광로(melting pot)'가 존재한다. 용광로는 다양한 문화가 하나로 융합되어 '공통 문화(common culture)'[4]를 형성한다는 개념이다. 혹자는 용광로가 비주류 문화가 주류 문화에 편입되는 것이 아닌 여러 문화가 그 원류를 찾을 수 없을 만큼 하나로 융합된다는 점에서 동화주의와는 다르지 않으냐는 의문을 제기하기도 한다. 그러나 용광로의 대표적 예시로 대변되는 미국을 생각해보면 용광로가 어찌하여 동화주의의 일종인지 확인할 수 있다.

미국의 이민사를 연구하는 학자들은 용광로라는 개념을 활용해 미국 사회를 설명하고자 하였다. 이들은 이종(heterogenous) 문화로 이

---

4) 공통 문화란 서로 다른 이민자들이 공통 태도(common attitude), 공통 가치(common value), 그리고 공통 생활양식(common lifestyle)을 바탕으로 형성한 새로운 문화를 일컫는다(Gleason, 1980).

루어진 다양한 이민자 집단이 어떻게 미국 시민이라는 정체성을 확립해 나아가는지를 이민자 및 그 집단의 변화를 추적하여 설명하고자 하였다. 그들이 관찰한 바에 따르면, 이민자들은 이민 초기에는 각자 고유한 문화를 가지고 있었으나 점차적으로 미국 문화에 동화되어 갔다(Smith, 1939; Hansen, 1942; Handlin, 1991; Higham, 2002). 어떤 문화권에서 이주해 오더라도 결국 이민자들은 미국적 가치에 동화되어 미국인이 되었다는 것이다.

물론 1960년대 이후 용광로에 대한 맹신은 약화되었고 미국 사회가 생각만큼 동화가 완벽하게 이루어지지 않았다는 연구가 나오기 시작하였다(Gleason, 1964; Borjas, 1994). 하지만 이는 미국 사회가 실제로 용광로가 아닌 다문화사회일 수 있다는 지적에서 나온 것이고,[5] 용광로 개념 자체를 배격하는 것은 아니었다. 다만 용광로에 대한 환상이 부서진 만큼 동화주의에 대한 환상 역시 무너지고 있는 것이 다문화 정책에서 보여 준 현재의 추세라 할 수 있다. 이러한 점을 고려할 때 오늘날 다문화주의 논의가 다문화사회 관련 연구와 실제 다문화정책에서 다수를 차지하는 것은 자연스러운 현상이라고 할 수 있다.

근대 이전부터 다문화 전통을 지니고 있던 서구 사회와는 달리, 한국의 경우 상당 기간 단일문화사회를 유지해 왔다. 그러나 2000년대 이후 이주노동자와 국제결혼의 증가로 우리 사회의 문화적 다양성이 증대되고 있다. 이에 따라 한국에서도 다문화주의에 관한 논의가 본격적으로 이뤄지기 시작했다. 다만 이러한 논의의 촉발은 서구와 달

---

5) 미국 사회가 용광로라고 생각하는 것은 일종의 상징(symbol)이자 신화(myth)이지 실제(reality)와는 다르다는 주장이 있다(Booth, 1998/02/21).

리 자연스럽게 대두되었다기보다는 관 주도로 시행되었다는 점에서 주목된다. 이는 당시 정부가 외국인이나 소수자 인권 문제에 각별한 관심을 가지고 있었기에 가능했던 것으로 이해된다(윤인진, 2008: 83-84). 물론 한국의 '관 주도 다문화주의'에 비판적인 입장도 존재한다(김희정, 2007: 57-80; 오경석, 2007: 22-56). 그렇지만 과연 관 주도의 정책 설계가 반드시 나쁜 것인가에 대해서는 진지하게 따져볼 여지가 있다.

다문화정책에 있어 한국은 기본적으로 '소수집단에 대한 정책'이라고 보는 게 더 정확하다.[6] 그렇기에 다문화 관련 이슈가 사회적 이슈로 자연스럽게 자리 잡을 가능성이 그리 크지 않다고 볼 수 있다. 한국 사회는 사회혁신가(social innovator)가 서구에 비해 그 활동의 빈도가 낮은 점을 고려할 때, 다문화정책 이슈와 관련해서 관 주도로 연구되고 정책화되는 것은 어느 정도 현실을 반영한 문제해결 방식이라 생각된다. 다만 문제는 관 주도로 진행된다고 해서 관이 원하는 방향으로만 연구되어서는 현상에 대한 온전한 이해가 제대로 이뤄질 수 없다는 점이다. 2000년대 중반 한국의 다문화주의 연구가 '관 주도의 다문화주의'로 비판받는 이유도 바로 여기에 있다. 한국 사회에 대한 이해를 바탕으로 다문화주의가 적합한지에 관한 연구를 진행한 것이 아니라, 서구에서 긍정적으로 정착한 다문화주의 개념을 벤치마킹하여 이를 실제 정책으로 활용하기 위한 이론적 기반으로 연구를 진행

---

6) 한국은 단일문화사회를 오랜 기간 유지해 왔고 이질적 문화 집단의 이주는 아주 최근의 일이다. 이는 신대륙 국가가 태생적으로 다문화사회를 유지해왔던 것과는 매우 다른 모습이다. 그렇기에 한국은 이들 국가와 달리 주류 문화의 비중이 압도적으로 큰 양상을 보인다고 할 수 있다.

했던 것이다.

종래의 배타적 민족주의 담론들에서 주장한 것처럼 한국은 '반만
년 단일민족' 국가라 볼 수는 없다. 이러한 인식은 근대 식민침탈시기
계몽주의 학자들이 독립운동을 전개하기 위해 만들어낸 허상에 가깝
다. 그러나 이런 혈통주의적 인식이 아닌 문화적 동일성 차원에서 한
국을 바라본다면, 한국은 역사적으로 유럽 국가들에 비해 영토적·인
구적 통합이 비교적 이른 시기에 이루어졌던 것은 부인할 수 없는 사
실이다. 현시점에서 거의 해체 단계에 다다른 화교 공동체(박경태,
2003)를 제외한다면, 현대 한국 사회에서 원주민 및 소수민족 집단과
같이 이질적 소수 문화 집단은 존재하지 않는다.[7] 이러한 점을 고려
할 때 한국의 맥락에서 논의될 수 있는 소수 문화 집단 문제는 이민자
집단에 국한된다. 그렇지만 이민자 집단에 있어서도 한국은 서구 사회
와는 차이를 보인다. 긴 역사에 걸쳐 중층적 이민자 집단들로 구성된
유럽 국가들에 비해, 최근 자발적으로 이주한 이민자들로만 구성된 한
국은 서양과 동일한 이민자 정책을 시행하기에는 여러 가지 난관이
있을 수밖에 없다.[8]

개발도상국의 지위를 벗어나 선진국의 반열에 올라서면서 한국은

---

7) 한국과 비슷한 역사적 맥락을 공유하는 일본조차 19세기 홋카이도의 식민화와
오키나와의 영토 편입과정에서 원주민 및 소수 민족 문제가 발생하였다. 아이누
족(이상봉, 2014), 류큐인(이지원, 2008)에 관한 문제가 일본에서는 현재까지도
지속되고 있다는 점에서 원주민 및 소수 민족 문제에 관한 한국의 상황은 동아
시아에서도 상당히 예외적인 사례로 볼 수 있다(윤경훈·강정인, 2019).

8) 식민제국 시절부터 이민자를 받아들인 유럽 국가들에 비해 한국은 1991년 '해외
투자기업연수생제도' 도입 이후 본격적으로 이민자 유입이 시작되었기 때문에
이제 한 세대(30년) 정도 지났다는 것을 알 수 있다.

서구 국가군이 겪은 노동력 부재의 문제를 똑같이 직면하고 있다. 국민의 학력수준이 올라가고 경제가 발전하면 단순·반복 노동의 공급이 자연스레 줄게 된다. 더군다나 한국의 경우 지속적인 산아제한 정책으로 점차 출생률이 감소하여 소위 3D(dirty, dangerous, difficult) 산업이라 불리는 영역에서 노동력 부족 현상을 심각하게 경험하고 있다. 서울올림픽 이후 경제가 빠른 속도로 성장하면서 한국은 노동력을 다른 나라에서 들여오는 초청노동자 유입 국가로 변화되기 시작하였다(이혜경, 2008: 114). 한국은 1991년 11월 '해외투자기업연수생제도', 1993년 11월 '산업기술연수생제도'를 본격적으로 실시하였다. 1995년 〈외국인 산업연수생의 보호와 관리에 관한 지침〉을 제정하여 외국인 연수생도 산업재해보험 및 국민건강보험 가입의 혜택을 받을 수 있도록 하였다(고용노동부, 2020). 나아가 2004년 8월에는 '고용허가제' 시행을 통해 외국인 노동자의 노동권 보장, 인권 보호, 사회보장 등의 처우 개선을 위한 조치를 마련하였다. 2007년 1월부터 기존의 산업기술연수생제도는 고용허가제로 통합되었다. 고용허가제와 별개로, 2007년 5월에 재한외국인의 사회적응 지원과 외국인 정책의 기본계획을 수립하기 위한 법적·제도적 장치로써 〈재한외국인 처우 기본법〉을 제정하기에 이르렀다(이혜경, 2008: 117). 이로써 한국은 관 주도의 다문화정책의 기틀을 마련하게 되었다고 볼 수 있다.

한편, 1995년 '미혼 남성 국제결혼 지원제도', 일명 '농촌총각 장가보내기' 프로젝트를 통해 각 지방정부에서는 중국교포(조선족) 여성과 농촌 총각의 결혼을 적극적으로 추진하였다. 2000년부터는 동남아시아로 그 문호가 확대되었으며, 2005년부터는 국제결혼 비용까지 지방정부가 지원해주고 있다. 1990년대 말부터 시민사회와 학계 일각에서 국제결혼과 결혼이주여성 등 다문화가족 지원정책의 필요성이 제기되었고, 2008년에 이를 총괄하는 최초의 법안인 〈다문화가족지원법〉의 제정으로 결실을 보기에 이르렀다(정정희, 2022). 법안의 내용에는 외국인의 안정적 체류 지원과 생활정보 제공, 언어 및 문화이해 교육, 가족관계 증진 및 가정폭력피해자 지원, 기초생활보장 및 훈련, 일자리 연계지원 등이 포함되어 있다.

2. 인물성동이론 관점에서 다문화정책 담론

호락논쟁에서 등장했던 인물성동이론은 오늘날 다문화정책과 관련한 현실정치와 정책의 맥락으로 연결될 가능성이 충분히 존재한다. 비록 18세기 후반 조선에 다문화정책이 존재하지 않아 동률 비교는 불가하지만, 기본적으로 호락논쟁에서 논하고 있는 담론이 아(我)와 비아(非我) 간 동등성 논쟁인 이상 이러한 개념은 다문화사회의 가장 큰 이슈인 이질적 집단 간의 갈등에 대입할 수 있으리라 생각한다. 즉, 넓은 범주에서 신분이나 계급 차이에 의한 갈등도 서로 다른 집단, 특히 지배층이 피지배층과 구별되고자 하는 욕망과 연결되므로 다문화주의에서 주류 문화가 소수 문화를 배격하는 행위와 유사하다고 볼 수 있다. 더불어, 호락논쟁에서 중요하게 다루어진 대외관계 역시 현대의 사례로 전환하면 결국 내국인과 외국인을 구별하려는 시도인 것이다. 호락논쟁에서 유일하게 오늘날 다문화정책과 연관성이 적은 분야는 이주민 관련해서이다.

한국 역사에서 이주민이 존재하지 않았던 것은 아니다. 특히 동질적 문화 집단으로 주류 문화와 구별되었던 이주민 사례로는 조선 전기 회회인(回回人)에 관한 기록이 있다. 조선왕조실록에 따르면, 이들은 같은 종교(이슬람교)를 믿는 이들끼리 모여 살았으며 고유한 복장과 종교의식을 유지했다. 세종 대 만들어진 칠정산 외편은 이슬람 역법의 원리가 들어있는데, 이들의 영향이 크게 작용한 것이었다. 청화백자 역시 이슬람 영향의 증거이다. 그러나 조선 전기 실록에도 등장했던 회회인들은 조선 후기에는 그 흔적을 찾아볼 수 없는데, 이는 조선이 강력한 동화정책을 시행했기 때문으로 추정된다.

　　회회인 외에 우리 역사에서 발견되는 이질적 문화 집단으로 백정(白丁)과 갖바치를 들 수 있다. 흔히 알고 있는 사실과 달리 백정과 갖바치가 차별받은 이유는 하는 일이 천해서 그런 게 아니었다. 이들은 유목민의 후손으로 고려 이후 완전히 전환한 농경사회와 농경문화에 동화되지 않고 자신들의 풍습을 유지하였다. 이들이 정육과 가죽공예에 능했던 것은 바로 유목민적 전통을 강하게 물려받았기 때문이다. 이들은 농경문화에 완전하게 적응하지 못하고 유목민 시절 행했던 약탈, 방화, 살인 등의 범죄를 계속 저질렀기 때문에 자주 이웃들과 갈등을 빚었다. 고려를 거쳐 조선이 건국된 이후에도 이들은 사회문제를 계속 일으켰는데 조선은 이들을 대상으로 회회인과 마찬가지로 동화정책을 시행했다. 당시 일반적으로 농민을 지칭하던 백정을 이들에게 부여하고 농경민으로 정착을 유도했다. 그러나 이 정책은 결국 실패로 돌아갔고, 일반 농민들은 백정들과 똑같이 취급되기를 거부하면서 백정이라는 명칭을 거부하는 현상으로 이어졌다.9) 결국 구한말까지 백정은 일반 백성들과는 구분되는 삶을 살았다.

여기서 시사하는 점은 조선은 이질적 집단과 문화에 대해 동화정책을 시행한 전력이 있다는 사실이다. 그렇기에 호락논쟁 시기 대외정책에 있어 포용론적 논의가 등장했다는 것 자체가 매우 의미 있는 변화였다고 할 수 있다. 호락논쟁은 그 자체로 다문화정책에 관한 담론을 제시한 것이기도 하지만, 역사적 맥락에서 보면 동화주의 일변도였던 조선의 정책에 경종을 울리는 계기가 되었다. 현대 한국도 1980년대 말까지 단일문화사회를 유지하였고 이주민 유입 이후에도 한동안 동화주의적 정책을 고수하였다. 2000년대를 넘어서야 본격적인 다문화주의 논의에 접어들었고 2000년대 중후반이 되어서야 비로소 가시적인 다문화정책이 나오기 시작했다. 이제는 한국 역시 동화주의에서 다문화주의로 넘어가고 있다.

조선의 호락논쟁은 자생적 이론을 바탕으로 전개되었던 반면, 오늘날은 서구 이론을 무차별적으로 수용하여 정책 패러다임의 변화를 꾀하고 있다는 점에서 두드러진 차이를 보인다. 호락논쟁을 통해 정책적으로 유의미한 변화를 끌어냈지만, 계몽군주이자 절대왕권을 구축해가던 정조가 이른 나이에 사망하면서 그 성과가 제대로 이어지지 못했다. 집중된 중앙권력이 정조 사후에 권신에게 집중되면서 세도정치가 시작되었기 때문이다. 그러나 정조 사후 그 측신이던 **김조순(金祖**

---

9) 기존의 백정(농민)들은 새롭게 백정의 이름을 부여받은 이들(유목민)을 '신(新)백정', 자신들을 '구(舊)백정'이라 호칭하여 서로 구분하였다. 그러나 시간이 흐르면서 결국 신백정만이 백정이란 이름으로 남게 되었다.

김조순(金祖淳, 1765~1832)

조선 후기의 문신이자 세도가이다. 본관은 안동(安東), 자는 사원(士源), 호는 풍고(楓皐)이다. 노론의 시파에 속하며, 순조의 장인으로 안동 김씨 세도정치의 기틀을 마련하였다. 주요 저서로는 『풍고집』 등이 있다.

淳)이 실시했던 정책을 살펴보면, 중세를 벗어나 자생적 근대의 맹아가 보였던 점도 부인할 수 없는 사실이다. 호락논쟁이 새로운 시대를 여는 중요한 사상적 기반이 되었다고 해석할 수 있는 이유이기도 하다.

호락논쟁의 담론을 현대적으로 재해석해 오늘날 다문화정책 담론에 적용한다면, 한국의 맥락에서 다문화정책에 관한 유의미한 이해와 분석을 위한 개념적 분석틀을 제공할 수 있으리라 생각한다. 〈표 7-1〉은 호락논쟁과 인물성 異論과 同論의 각 관점에서 다문화정책을 바라볼 때 두 가지 유형과 특징을 보여준다. 우선 異論과 同論의 각 관점에서 동화주의 모형과 다문화주의 모형을 언급할 수 있다. 그러나 호론은 인물성동이론에서 人과 物의 다름을 말하지만 동시에 미발심론(未發心論)에서 교화 가능성에 대해서도 함께 언급한다. 이를 남당(南塘) 한원진(韓元震)의 성삼층설(性三層說)에 적용하면, 호론에 의거한 다문화정책은 차별적일 수도 포섭적일 수도 있다고 해석될 수 있다. 외국인에 대해 차별적 행태를 보이는 정책이라면, 분리(separation)와 배제(exclusion)의 정책을 시행할 것이다. 외국인 게토(ghetto)가 형성되고, 근로 직종의 제한, 교육 기회의 제한, 사회보험제도의 차별적 적용 등이 이에 해당할 것이다. 그러나 포섭적 정책의 형태를 구사한다면, 동

표 7-1 인물성동이론 관점에서 다문화정책

인물성		다문화정책
	異論	분리/배제/차별/동화주의
	同論	공존/포용/통합/다문화주의

화(assimilation)와 차별(discrimination)의 정책이 함께 실행될 것으로 보인다. 주류 문화와 언어에 대한 교육은 동화정책에 해당하고, 소수 문화와 유산에 대한 부정은 차별 정책에 해당한다. 정리하면, 한원진의 성삼층설에서 초형기(超形氣)는 내국인 및 주류 문화, 인기질(因氣質)은 차별적 포섭의 대상, 그리고 잡기질(雜氣質)은 배제적 대상이 되는 것으로 해석된다.

한편, 낙론은 인물성동이론에서 人과 物의 같음을 말하고, 미발심론에서 포용적 교화론을 펼친다. 낙론은 모든 사람의 동등한 가능성을 인정하기 때문에 누구나 충분한 교육의 기회가 주어진다면 군자가 될 수 있으리라 여겼다. 따라서 낙론의 다문화정책은 기회의 균등, 기본권 보장, 공존을 위한 제도적 보완, 문화 간 협력과 이해를 위한 교육, 다중 언어 제도 구축, 다문화주의 촉진 등이 이에 해당할 것이다. 당장은 이질적 집단이 주류 문화와 거리가 있더라도 충분한 제도적 지원이 이뤄진다면 이들이 사회의 구성원으로 온전하게 받아들여지고 주류 집단과 함께 공존하고 통합되어 나갈 수 있다는 낙관적 믿음에 근거한다.

3. 현상 이해 및 분석을 위한 개념틀

다문화정책의 현상을 이해하고 이를 분석하기 위해서는 다문화정책의 수요 집단을 파악하는 게 필요하다. 기본적으로 한국의 맥락에서 다문화정책의 수요층은 주류 문화를 대변하는 내국인과 이질적 소수 문화 집단인 외국인으로 구분된다. 그런 점에서 다문화정책은 동화주의와 다문화주의 어느 쪽을 신봉하더라도 내국인과 외국인 양쪽 모두에 적용되는 정책이라 할 수 있다. 그렇기에 이론적 개념틀을 도출하기 위해서는 내국인과 외국인을 주요 분석 축으로 활용한다. 다음으로 내국인과 외국인 집단에 대한 하위 구분으로 호락논쟁 담론을 활용한다. 호락논쟁의 정수를 압축하여 정리하면 인물성 異論과 同論이라 할 수 있다. 각 집단이 자신과 다른 인간을 바라보는 관점의 차이에 따라 네 가지 유형으로 구분된다. 외국인과 내국인을 막론하고 異論은 다른 집단에 대해 배타적 태도를 견지하는 반면, 同論은 포용적 태도를 보일 것으로 생각된다. 하지만 좀 더 세부적으로 들어가면, 내국인과 외국인에게 있어 異論과 同論이 의미하는 바는 각각 다르다. 그 이유는 각각 처한 위치가 다르므로 동일한 사유를 활용하더라도 그 사유의 결과가 다르게 나올 수밖에 없기 때문이다.

이러한 논의를 바탕으로 내국인과 외국인이 異論과 同論의 각 입장에서 다문화정책를 바라볼 때, 다음 〈표 7-2〉의 네 가지 이론적 모형을 도출할 수 있다.

첫 번째 이론적 모형은 내국인과 외국인 모두 異論인 '내이외이(內異外異)' 모형으로, 다문화정책에서 분리와 배제가 주요 정책 수단으

표 7-2 인물성동이론 관점에서 내·외국인의 다문화정책 모형

		외국인	
		異論	同論
내국인	異論	① 분리/배제 (內異外異)	② 자발적 동화/주변화 (內異外同)
	同論	③ 비자발적 동화/ 차별/용광로(內同外異)	④ 통합/다문화주의 (內同外同)

로 활용될 것으로 보인다. 이 모형에서 내국인은 외국인의 고유 문화와 풍습을 인정할 생각이 없고, 외국인은 주류 문화에 동화되고자 하는 의지가 없는 것으로 파악된다. 따라서 외국인을 특정 지역에 몰아 거주하도록 하고, 내국인과의 접촉을 막으며 자연스레 도태하도록 하는 정책을 취하게 된다. 미국의 원주민 보호구역 정책이 이러한 역사적 사례에 해당한다고 볼 수 있다. 이러한 분리와 배제의 정책이 극단적으로 나아가게 되면 이민자 추방과 같은 정책으로까지 이어질 수 있다.

두 번째 모형은 내국인은 異論이지만 외국인이 同論인 '내이외동(內異外同)' 모형이다. 내이외이 모형과 마찬가지로, 이 모형에서는 내국인이 외국인의 문화적 유산과 고유성을 인정하지 않는 것은 동일하지만, 외국인은 거주 국가의 주류 문화에 대한 거부감과 저항은 없거나 그리 크지 않다. 이 같은 경우 실시될 수 있는 정책은 바로 동화정책이다. 동화정책은 주류 언어·문화에 대한 교육, 이중국적 금지, 적극적 귀화 정책 등을 정책 수단으로 활용할 수 있다.

여기서 동화정책에 대한 외국인의 반응은 두 가지 행태로 나타날 수 있는데, 하나는 자발적 동화이고 다른 하나는 주변화 현상이다. 주류 문화가 소수 문화에 대해 배제적이고 배타적 태도를 취하는 상황

에서 외국인은 주류 문화로 편입되고자 하는 욕구가 강하게 드러나며 자신의 고유 문화를 버리고 주류 문화로의 편입을 선택하기도 한다. 반면, 현실적 한계로 인해 자신의 고유 문화를 고수하지도 주류 문화에도 섞이지 못하는 주변화(marginalization) 현상도 충분히 예측할 수 있다. 이렇게 외국인의 이중적 행태에서 알 수 있듯이, 결국 정책을 결정하고 집행하는 주류 집단(내국인)의 정책 방향이 異論일 경우 이를 받아들이는 외국인이 아무리 同論이라 할지라도 분명한 한계가 존재할 수 있음을 시사한다.

세 번째 모형은 내국인은 同論이지만 외국인이 異論인 '내동외이(內同外異)' 모형으로, 다문화정책에서 동화정책에 가깝다고 할 수 있으나, 상술된 내이외동 모형의 동화정책과는 차이를 보일 것으로 예상된다. 내이외동 모형에서 기본 목표가 '소수 문화의 주류 문화로의 편입'이라는 측면에서 동화주의라고 한다면, 내동외이 모형에서는 문화 융합이 목표가 되기 때문이다. 여기서 문화 융합이란 주류 문화와 소수 문화 간의 유기적인 상호작용을 통해 다문화사회를 이룩하는 것을 의미하지 않는다. 오히려 주류 문화를 중심으로 소수 문화의 유산을 흡수하여 기존 주류 문화와는 유사하더라도 더욱더 넓어진 단일문화를 탄생시키는 것을 목표로 하는 것이다. 이는 마치 미국의 용광로 정책과 유사하다고 할 수 있다. 즉, 다양한 문화가 편입되었지만 결국 그러한 문화적 유산도 큰 흐름에서는 미국적 가치에 포함되고 구성원 전체가 자신이 미국인이라고 인식하도록 하는 동화정책이 바로 내동외이 모형의 정책지향점이라 할 수 있다.

이 모형에서 외국인은 기본적으로 異論의 태도로 자신의 문화적 유산과 고유성을 최대한 보존하고 지켜내려 하지만, 문화 융합을 지향하는 동화정책은 다양한 유인효과를 바탕으로 이들의 비자발적 동화를 이끌어낼 것으로 생각된다. 소수 문화를 배제하거나 분리하지 않고 섞여 살도록 함으로써, 이들이 주류 문화에 편입되지 않으면 사회로부터 고립되는 결과를 초래한다. 더불어, 고립된 개인은 사회적 차별에 직면하기에 더더욱 자기 의사와는 상관없이 주류 문화에 동화되어 간다. 북미로 이주한 한인 1세대는 온갖 난관을 견디며 자신의 정체성을 유지하지만, 2세대는 자신들이 살아갈 나라에서 이방인으로 취급되기 싫어 대부분 주류 문화에 편입된다. 그러므로 내동외이 모형에서 이주민 가정은 세대 간의 갈등이 나타날 가능성이 커 보인다.

네 번째 모형은 내국인과 외국인 모두 同論인 '내동외동(內同外同)' 모형으로, 우리가 흔히 아는 다문화주의 유형에 해당한다고 할 수 있다. 내국인도 소수 문화에 포용적이고 외국인도 주류 문화에 호의적이기 때문이다. 그 결과 다문화에 대한 호감이 높으며, 다양한 문화에 대한 존중과 각 문화 유산의 보존에 관심과 정책적 노력을 기울인다. 이 모형에 속하는 대표적인 국가로 캐나다를 들 수 있다. 캐나다의 다문화정책을 참고하여 살펴보면, 내동외동 모형에서 시행할 수 있는 정책으로 횡문화적(cross-cultural) 이해 노력, 문화·언어·민족적 집단 정체성의 보존과 강화를 위한 각종 지원 제도, 인종적·민족적 소수집단 공동체나 개인들이 완전하고 평등한 삶을 살 수 있도록 해당 공동체에 대한 지원 및 참여 프로그램 등 여러 정책 수단을 들 수 있다. 이 모형에서는 결국 '용광로'보다는 '샐러드 볼' 사회를 추구할 것이며,

여러 소수 문화의 공존 공생을 통해 더욱더 풍부한 문화적 유산과 고유성을 보유하는 것이 발전적 미래로 가는 첩경이라고 믿는다.

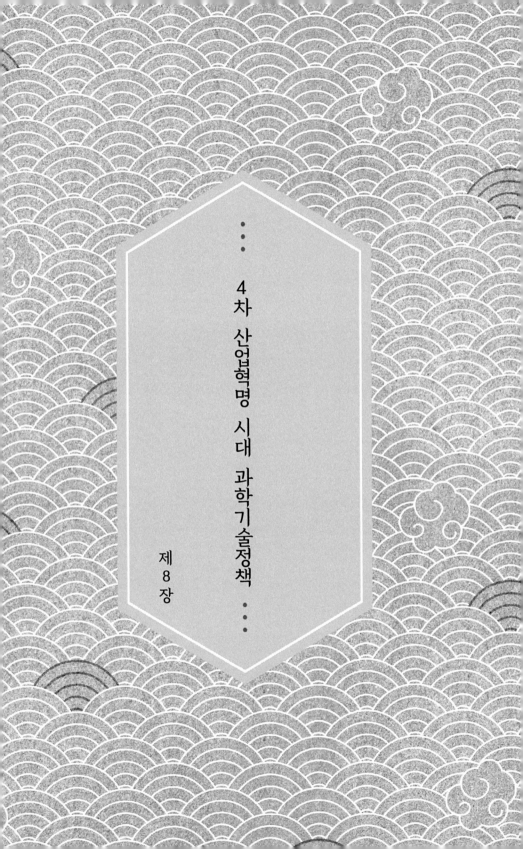

4차 산업혁명 시대 과학기술정책

제 8 장

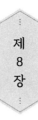

4차 산업혁명 시대 과학기술정책[1]

2016년 다보스 세계경제포럼(World Economic Forum: WEF)에서 언급된 '4차 산업혁명'은 빅데이터 분석, 인공지능(artificial intelligence: AI), 로봇공학, 사물인터넷(internet of things: IoT), 무인 운송 수단, 3D 프린팅, 그리고 나노기술로 대표되는 6대 분야에서의 기술 혁명을 말한다(류재한·유연우, 2018; Schwab, 2017). 4차 산업혁명을 통해 기술적 특이점(singularity)에 이를 수 있는데, 현존하는 경제, 정부, 법, 국가 등의 제도가 더 이상 당연시되거나 통용되지 않을 수 있다(Shanahan, 2015).

기술적 특이점의 도래는 문화지체(cultural lag)를 초래할지도 모른다. 문화지체는 윌리엄 오그번(William F. Ogburn)이 1922년 발간한 「사회변동론(Social Change with Respect to Culture and Original Nature)」에서 처음 언급된 개념으로 법, 제도, 정치, 규제 등이 기술발전 속도에 보조를 맞추지 못하고 뒤처져 발생하는 부조화를 의미한다. 넓은 의미에

---

1) 이 장의 논의 내용은 정회원·남태우(2020)를 기저로 수정·보완하였음을 밝힌다.

서 문화지체는 물질문화와 비물질문화 간 발전 속도의 격차로 인한 사회혼란을 지칭한다(Ogburn, 1922). 법, 제도, 정치, 규제 등의 측면에서 자율주행자동차는 문화지체의 대표적 사례로 간주되고 있다. 자동차가 스스로 달릴 수 있는 기술은 개발되었지만 자율주행기술로 인해 발생한 사고에 대한 윤리적 기제는 아직 제대로 정립되지 않았기 때문에 책임 소재를 명확히 할 수가 없는 상황이다. 문화지체를 막는 방법은 물질문화의 발전 속도를 제한하거나 비물질문화의 발전 속도를 촉진하는 것이다. 그러나 기술발전에 대한 인위적 제한은 현실적으로 어려우며 많은 저항이 예견된다. 가능한 방안은 기술진보에 재빨리 적응해가도록 제도를 혁신하는 것이다.

사회과학자들이 사회문제를 심도 있게 연구하고 문제해결에 적합한 제도를 설계·집행한다면 문화지체는 완화될지 모르나(Veblen & Mitchell, 1964), 학문 그 자체가 문화지체의 대상이라는 비판도 존재한다(Kuznets, 1968). 최근 사회과학이론을 활용하여 4차 산업혁명의 도래를 진단하고(김진영·허완규, 2018; 윤상오 외, 2018; 진상기·방민석, 2018; 이선영 외, 2019), 이러한 변화에 어떻게 대처해야 하는가를 논의하는 연구(김근혜, 2017; 진상기·박영원, 2017; 한세억, 2017)가 축적되고 있다. 알렌과 밀러(Allen & Miller, 1957)는 미래가 사회과학이론의 민첩한 진화, 즉 학제 간 통합적 연구에 달려있다고 주장한다.

그렇다면 기존 행정·정책학적 시각에서의 고찰을 넘어 어떤 이론적 개념틀이 4차 산업혁명 시대를 새롭게 바라보게 할 것인가? 어떤 학문이 4차 산업혁명을 목도하는 현대 사회과학에 신선한 자극이 될 수 있는가? 현재 한국 행정학의 담론을 지배하는 것은 서구 사회를 바탕으로 한 서구 이론이다. 사상의 진화가 생소한 영역과의 접점을 통한 자극에 달려있다는 점을 고려할 때, 역으로 동양 사상과 철학에서 우리는 새로운 돌파구의 가능성을 모색할 수 있을지 모른다. 이 장에서는 특히 18세기 후반 조선시대의 호락논쟁이라는 한국철학에서 그러한 자극을 찾고자 한다. 해당 논쟁은 정치·경제·사회·문화 다방면에 걸쳐 영향을 줬던 거대 담론으로서, 당시의 급격한 사회변화로 인한 다각적 난제를 해결하기 위해 사상의 진화를 꾀한 학술적·정치적 움직임이었다(조성산, 2006). 4차 산업혁명 시대로 진입하고 있는 오늘날에 조선 후기 호락논쟁은 학문 간 경계를 넘는 융합적·통합적인 연구를 위한 전범(典範)이 될 수 있다고 생각한다. 4차 산업사회를 바라보는 두 차원으로서 호락논쟁의 인물성동이론과 초지능·초연결 기술의 체화 수준을 적용하여, 새로운 사회에 반응하는 인간과 조직의 유형을 새롭게 고찰하고 톺아보고자 한다.

1. 4차 산업혁명 시대의 인간과 기술

4차 산업혁명은 다양한 기술들을 망라하는데, 블록체인, 양자컴퓨팅, 나노기술, 생명공학, 사물인터넷, 3D 프린팅, 로봇공학, 자율주행, 인공지능 등이 그 핵심요소로 주목받고 있다. 다양한 기술들은 두드러진 공통점을 갖고 있는데, 그것은 바로 초지능(super-intelligence)과 초연결(hyper-connectivity)이다. 초연결의 개념은 기존에는 단절되었다고 여겨졌던 부분(들)을 연결하여 마치 불교와 힌두교에서 말하는 인드라망(Indra's net)을 현세에 구현하는 효과를 내는 4차 산업기술을 지칭한다(Stephenson, 2018). 블록체인 기술 등을 활용하여 인간과 인간, 인간과 사물, 그리고 사물과 사물이 네트워크를 통해 연결된다(Tapscott & Tapscott, 2016).

한편, 초지능은 초인공지능을 의미하기도 하는데, 기존 인공지능 기술의 한계가 인간이었다면 초지능의 경우 인간을 뛰어넘는 역량을 발휘한다. 과거 인공지능이 단순히 인간의 편리를 위해 보조하는 기능을 수행하였다면, 초지능은 인간을 대체하는 기능을 수행할 수도 있다(Bostrom, 2017). 인간만의 고유한 영역이라고 생각되던 창조적 행위 역시 초지능은 수행할 수 있게 될 것이다(Ford, 2015).

초연결·초지능 이전에도 인간과 기술 간의 관계는 주요 주제로 오랫동안 연구되어왔다. 1차 산업혁명에서 증기기관의 등장은 기계에 의한 노동력 대체로 인해 기존 노동자들의 대량 실업 사태가 발생하였다. 그 결과 19세기 초 영국에서는 기계를 파괴하는 러다이트 운동(Luddite Movement)이 유행하였다. 러다이트는 '단순한 훼손(vandalism)'이 아니었다. 기계가 주는 의미가 인간에게 편리 제공이 아닌 노동자에 대한 착취라고 당대 사람들은 인식했고 이에 대한 반발로 러다이트 운동이 일어났으며, 여기에는 기계와 인간의 필연적 대립 관계가 다분히 내포되어 있었다(Cohen, 1949).

경제학적 관점에서 기술과 인간의 관계를 바라본 연구에는 1차 산업혁명 이후 기술에 대한 인간의 대응을 통시적으로 접근한 연구(Rosenberg, 1976), 인간의 혁신적인 기술활용 정신(technological entrepreneurship)에 관한 연구(Bailetti, 2012) 등이 있다. 기술 발전과 경제적 이윤은 불가분의 관계에 있으나(de la Chaux & Okune, 2017), 이들

연구에서 기술에 대응하는 인간 자체에 관한 이해와 분석은 미흡할 수밖에 없었다.

이러한 한계를 극복하고자 기술에 대응하는 인간에 관한 인류학적 관점의 연구가 등장하기 시작했다. 기술이 인류 사회에서 차지하는 비중이 높아짐에 따라 기술 그 자체를 바라보는 관점보다 기술과 인간의 관계에 주목했다(Downey et al., 1995). 인류학적 접근을 통해 인간에 대한 주목을 이끌었으나(Schiffer, 2001), 사회현상의 다양한 관점과 소재를 제대로 활용하지 못하는 한계가 있다. 최근 기술과 인간의 관계에 관한 연구는 윤리, 프라이버시를 연계하거나(Hitch & Miller, 1994), 커뮤니케이션의 입장에서 보거나(Miller & Garnsey, 2000), 민주주의의 측면에서 고찰하는 등(Nahuis, 2007) 다양한 시각에서 이루어지고 있다.

4차 산업혁명을 논하기 이전 시대의 연구는 기술의 산물인 기계와 인간의 관계에 진지하게 주목하지 않았다. 기계는 사용되는 것이고 인간의 행위나 조작 없이는 의미를 갖지 못하는 의존적 존재라고 봤기 때문이다. 연구도 사용자로서의 인간 입장에 서서 기술과 기계를 어떻게 이해하고 다루어야 하는지에 국한되었다. 그러나 4차 산업혁명 시대 연구의 패러다임은 급변하기 시작했다. 인간과 유사한 혹은 더 뛰어난 인공지능의 가능성이 가시화되었기 때문이다. 그레이(Gray, 2000)는 출간 당시 아주 먼 미래를 상상하고 사이보그에 대해 서술했지만, 20년이 지난 지금에 와서는 가설이나 사고실험(thought experiment)의 영역에 머물던 인공지능형 기계와 인간 간의 융합이 점점 더 가까운 미래로 다가오고 있다. 인공지능의 한계가 분명했던 과거에는 인공지능과 인간의 관계는 그렇게 중요한 개념이 아니었다. 그러나 인공지능이 인간의 일자리를 실질적으로 위협하고(단순반복형 노동뿐만 아니라 관리형, 창의형 직업마저도 위협), 인간의 궁극적 존재가치를 의심케 하는 현상에 따라 인간과 인공지능의 관계를 새로이 정립해야 할 필요성이 제기되고 있다(McAfee & Brynjolfsson, 2017).

2. 인물성동이론 관점에서 4차 산업혁명 시대의 인간과 기술 담론

성리학은 모든 인간이 동등한 가능성을 갖고 태어난다는 선험성에 기반한다(윤용남 외, 2018). 하지만 이러한 사상이 전근대적 신분 질서 사회에서 제대로 발휘되기는 힘들었다. 구한말 개화파가 주장한 문벌 철폐, 신분 질서 폐지는 인물성동이론의 결과물이라는 점에서(조성산, 2006), 호락논쟁은 서양의 시민혁명에 버금가는 사회진보운동으로 높게 평가될 수도 있다.

전근대에서 근대로 접어드는 시기에 人과 物의 구분 여부는 중요한 사회적·정치적·문화적 이슈였다. 그러나 현대사회는 이미 자연권이 확립된 사회이며, 헌법으로 기본권이 명시되어 있어 적어도 보편적 사고의 차원에서 '모든 인간은 동등하다.'라는 생각이 정착되어 당연한 것으로 받아들여진다. 최근 들어 다시금 인물성동이론이 중요한 화제로 떠오를 수 있는 사회변화가 이루어졌는데, 바로 4차 산업혁명이다. 현대사회에 접어들어 더 이상 人에 편입되거나 人에 가까운 성질을 띠는 物은 사라졌지만, 物에 속하는 기계가 인간에 버금가는 능력을 획득할 가능성이 급속하게 커지고 있다. 생물학적으로는 인간이지만 사회적·계급적으로 人이 아닌 대상을 어떻게 해석할 것인가가 조선 후기 호락논쟁의 주요 논점이었다면(조성산, 2006), 현대 그리고 미래 사회에는 인간은 아니지만 인간과 비슷한, 어쩌면 인간의 능력을 능가할 기계를 어떻게 바라보고 대응해야 할지를 논의해야 할 필요성이 커지고 있다.

기계와 인간의 본성이 같고 다름을 판별하는 행위는 기본적으로 인간 중심적이다. 이는 결국 기계가 우리 인간과 동등하냐의 여부를 판단하는 사고실험이기 때문이다. 그렇기에 인물성 同論과 異論에서 인간과 인공지능의 동등성 여부를 판단할 때 기계가 인간보다 우월하다는 관점을 배제할 수밖에 없다. 그런데도 인간−기계의 동등성 여부가 중요해지는 이유는 이전에는 인간과 기계가 동등하다는 생각조차 하지 않았기 때문이다. 인공지능 윤리학의 논점인 '로봇에게 인권을 부여해야 하는가'에 대한 질문 역시 인간 우위론의 입장에서 기계를 바라보고 있다는 것이다(Evans, 2015; Vadymovych, 2017; Vincent, 2017/10/28).

다가오는 미래에 인간이 언제까지 기계에 대해 우월적 지위를 유지할지는 알 수 없다. 창조주보다 창조물이 기능적으로 더 우수하다면 지금의 관계가 계속될 수는 없기 때문이다. 존재론적 차원에서 인간과 인공지능 간에 본질적인 차이가 있는지, 아니면 동등할 수 있는지에 대한 심오한 논의가 필요한 시점에 이르렀다. 이 장에서는 인공지능과 인간이 왜 같은가 혹은 왜 다른가를 논하기보다 인공지능과 인간의 동등성 여부를 분석의 한 차원으로 활용할 때 기술에 대응하는 인간의 유형이 어떻게 도출될 수 있을지에 대해서 살펴본다.

3. 현상 이해 및 분석을 위한 개념틀

이 장에서 제시하는 인간-기술 同異論의 개념틀은 인물성동이론을 한 축으로, 4차 산업혁명 기술의 발전을 다른 축으로 놓는다. 4차 산업과는 다소 이질적으로 여겨지는 동양철학의 시각을 개념틀의 한 축으로 활용한다는 것은 특정 현상을 바라보는 융합적·통합적 사고를 바탕으로 다른 시각을 보여준다는 데 그 의의가 있다. 이러한 융합은 기존의 시각에서 벗어나 창조적 문제 해결로 이어질 가능성을 새롭게 제공해줄 수 있기 때문이다.

〈표 8-1〉에서 보는 바와 같이, 인물성동이론과 4차 산업혁명 기술 체화 수준의 두 차원에서 4차 산업혁명 기술에 대한 인간의 대응을 기술도구주의, 反기술주의, 기술의존, 상호의존 등 네 가지 유형으로 범주화할 수 있다. 기계와 인간이 동등하다고 보는 견해와 그렇지 않다고 보는 견해는 상호배타적이어서 그 중간이 존재하지 않는다. 4차 산업혁명 기술의 발전은 그 심화 정도를 명확하게 구분하기 어렵기 때문에 '높고 낮음'을 임의로 구분하였을 뿐 실제로는 연속선상에 놓

표 8-1 인물성동이론 관점에서 4차 산업혁명 시대 인간과 기술의 관계 모형

		초지능·초연결	
		낮은 가능성	높은 가능성
인물성	異論	① 기술도구주의 (기술체화 수준이 낮은 異論) (Instrumentalism)	② 反기술주의 (기술체화 수준이 높은 異論) (Neo-Luddism, Anti-Technology)
	同論	③ 기술의존 (기술체화 수준이 낮은 同論) (Dependence)	④ 상호의존 (기술체화 수준이 높은 同論) (Interdependence)

여 있다고 가정한다. 그럼에도 불구하고 높고 낮음의 기준을 명확히 하지 않으면 유형화(typology)의 실용성이 없으므로, 4차 산업혁명 기술 발전의 높은 수준을 '초지능·초연결 기술의 체화', 낮은 수준을 '4차 산업혁명 시대 이전의 기술'로 간주한다.

첫째, '기술도구주의(기술체화 수준이 낮은 異論)' 모형에서는 인간과 기술은 본질적으로 다르며 기술은 오로지 인간을 위해 존재해야 한다고 생각하는 유형으로, '도구 혹은 수단으로서의 기술 활용'이라고 말할 수 있다. 이 모형에서 기술은 오로지 인간의 풍요를 위한 수단에 불과하며(Cohen, 1949), 무언가 기술에 의미를 부여하는 것 자체를 불쾌해한다. 기술이 인간에게 무작정 도움이 된다고 생각하지 않으며 인간의 이득으로 이어지지 않는다면 폐기해야 될 대상으로 생각한다. 뒤에 상술할 Amish파와 19세기 러다이트 참여자는 이 유형에 속한다고 볼 수 있다.

기술도구주의를 주장하는 사람들은 기득권자일 가능성이 크며 새로운 기술이 가져올 사회의 변화가 반드시 자신의 이득으로 이어지는지 확신할 수 없기 때문에 조심스럽게 접근한다(Heimans & Timms, 2018). 호락논쟁에서 인물성 異論은 학문에 있어 순정화(純正化)를 강조하였는데, 이는 포용보다는 배제를 통해 자신의 권력을 유지하기 위함이었다(조성산, 2006). 기득권자의 입장에서 볼 때, 포용적 제도는 장기적 관점에서 사회를 번영시킬 잠재력이 존재하더라도 그러한 변화 끝에 자신이 그 자리를 계속 유지할지 확신을 갖기 어렵기 때문에 보다 쉬운 수단인 배제를 사용하는 것이다(Acemoglu & Robinson, 2012).

다만 기술 변화로 생기는 이득을 자신들이 독점하고 향유할 수 있다면 이를 지원하는 편이며, 그렇기에 기술 발전은 이루어질 수도 있다. 따라서 '도구로서의 기술'을 주장하는 사람들은 기술 그 자체를 부정하는 것은 아니며 기계의 유용성은 인정한다. 하지만 기존의 사회 풍습을 어지럽히거나 인간 양식을 왜곡시키는 형태가 되면 이를 배척하는 것이다.

　　뒤에 논의될 기술의존 유형이 기술 사용자층에서 많이 발생하는 것에 비해, 기술도구주의 유형은 생산자 집단에서 주로 나타나는 경향이 있으리라 여겨진다. 기본적으로 생산자 집단은 4차 산업혁명에 대해 부정적 사고를 갖는데, 새로운 기술이 그들의 현재 권력을 훼손할 수도 있다는 우려 때문이다(Heimans & Timms, 2018). 실제로 블록체인 기술은 그 정착 속도가 기술 개발에 비해 매우 느린데, 이는 월스트리트를 비롯한 네트워크 중심의 기존 금융 권력이 블록체인 기술이 가져올 파괴력을 회피하고 싶기 때문이다(Tapscott & Tapscott, 2016). 이들은 신기술이 자신의 통제에서 벗어나 새로운 시장을 형성하여 자신들에게 도전하는 신권력으로 등장하는 것을 바라지 않는다. 자신들이 가진 영향력을 활용하여 4차 산업혁명이 야기할 부정적 미래를 제시하기도 한다. 그리고 이를 바탕으로 자신들의 영역을 보존할 수 있는 제도를 만들고자 한다. 가령 4차 산업혁명으로 인해 대량 실업이 발생하면 이들은 기술이 가져온 효용보다는 기술로 인한 인간의 피해에 주목하고 기술 규제를 적극적으로 옹호하려 들 것이다(Yang, 2018). 기술혁신보다 현재 가진 것(기득권)의 보호를 우선시한다는 점에서 기술의존주의자보다 상대적으로 보수적 성향을 강하게 띤다. 기술도구주의가 단지 구(舊)권력층에만 해당하지는 않는다. Amish파와 같이 사용자 집단에서도 기술도구주의가 나타날 수 있다. 그렇지만 이들이 사회에서 다수를 차지할 가능성은 커 보이지 않는다(Narayan et al., 2000). 실제로 블록체인 기술을 바탕으로 한 새로운 금융 시스템은 저소득층에게 매우 유리한 제도다. 기존 금융과 달리 금융기관에 물어야 할 수수료가 상대적으로 낮기 때문이다(Tapscott & Tapscott, 2016). 하지만 저소득층이 이를 적극적으로 찬성할지는 알 수 없다.

둘째, '反기술주의(기술체화 수준이 높은 異論)' 모형에서는 '기계와 인간은 본질적으로 다르다.'고 파악한다. 기술 발전이 고도로 이루어지면 인간의 지위는 불확실해진다. 기계에 비해 인간은 비효율적이며 경제성 차원에서 인간은 기계에 의해 완전 대체가 가능하게 된다(Ford, 2015). 異論 지지자들은 어느 순간까지는 기술 발전을 긍정할 수 있으나 그 한도를 넘어서게 되면 기술 자체에 반발할 가능성이 커 보인다. 이들에게 한도라는 것은 생존권을 보장받지 못하는 시점이 될 수 있다.

1차 산업혁명 시기 노동자들이 공장에서 해고된 이후 재취업의 기회를 보장받지 못한 것이 러다이트를 촉발했다면(Downey et al., 1995), 신러다이트는 인공지능이 인간의 설 자리를 없애는 순간 나타날 가능성이 크다. 기술에 대한 공포가 신러다이트의 활동 기반이 되기 때문이다(Jones, 2013). 그리고 反기술주의에서는 기술이 고도로 발전할수록 인간 존엄성이 훼손된다고 믿는다. 삶의 방식을 유지할 수 없게 된다면 기술의 혜택보다는 살아오던 기존의 양식을 유지하는 것에 더 큰 가치와 의미를 부여할 수 있다(Hostetler, 1993). 이들은 인간의 순수성을 중시하는데, 기계와의 융화보다는 신체를 자연 그 상태로 두는 것을 선호한다. 신체에 바코드를 새기거나 생체 칩을 이식하여 더 완전한 전자사회로 나아가는 기술이 에스토니아에서 시도되고 있으나(Heller, 2017/12/11), 본격적인 시행이 어려운 이유는 신체에 기계를 이식하는 행위에 대해 거부감을 표하는 사람이 여전히 많기 때문이다.

이러한 거부감의 또 다른 이유로는 초연결에 대한 염려를 들 수 있다. 4차 산업혁명 시대의 미래상을 '빅 브라더(Big Brother)'와 같은 통제사회로 보는 견해에서는 초연결이 기술을 활용한 만인에 대한 감시를 상징한다고 이해한다(Tapscott & Tapscott, 2016). 몸에 이식된 기계가 가져오는 편리함보다는 개인정보가 네트워크를 통해 누군가에 보내진다는 사실은 프라이버시에 민감한 사람들에게 큰 공포로 다가온다(김봉수, 2012).

미국은 이러한 심리적 공포가 증폭되고 있는 대표적 국가인데, 건국 자체가 개인의 권리를 최대한 보장하기 위해 시작됐기 때문이다(Kates, 1983). 미국에서 시민의 사유재산 보호, 사생활 보호 등은 엄격히 지켜져 왔는데, 2001년 9.11 테러의 영향으로 국가와 시민 간의 관계는 근본적으로 변하게 되었다. 테러는 전쟁과 달리 국가 간 대립보다는 상대가 명확하지 않은 무차별 공격이며 기존 시스템으로는 테러를 막기 어려웠다. 9.11 테러 이후 미국은 국가안보를 명분으로 개인에 대한 통제를 늘렸는데, 헌법에 규정된 사생활 보호를 일부 침해하기도 하였다(Podesta, 2002). 개인의 자유를 중시하는 사람들로부터 큰 저항을 불러일으키는 조치였으며 이에 대한 저항적 행동들이 나타났다.

단적인 예로, 미국 연방정부가 국가안보를 강화하기 위한 목적으로 자국민에 대한 통제를 강화하자 이에 대한 반발로 인터넷을 사용하지 않고 국가감시망에서 벗어나 살겠다는 마을이 생겨나기도 했다 (Gaynor, 2015). 앞서 설명한 바와 같이, 異論 지지자들은 기본적으로 배제를 선택하고 귀결적으로 고립되어가며, 보편성을 강조하기보다는 개별성에 더욱 주목한다. 개별적 차원을 강조해야 자신이 가진 지위, 신념, 가치 등을 지켜낼 수 있기 때문이다.

4차 산업혁명으로 다가올 초연결 사회는 이들 異論 지지자들이 절대적으로 바라지 않는 미래의 모습일 것이다. 異論 지지자라면 기득권층이나 피지배계층 관계없이 같은 심정일 수 있다. 피지배계층은 과거 전근대 사회와 같은 노예 상태로 돌아가는 것을 절대 바라지 않을 것이다. 완벽한 통제는 완벽한 주권의 소멸을 뜻하기 때문이다. 기득권층은 4차 산업혁명을 통해 통제할 수 있는 권한을 바라는 것이지, 자신도 그 통제의 대상이 되기를 원하지 않는다. 同論 지지자들은 초연결 사회를 유토피아적 세계라고 인식하는 반면, 異論 지지자들은 파놉티콘(Panopticon)을 연상할 것이다. 反기술주의는 기계가 인간을 추월할 것이라는 공포감이 근간에 자리를 잡고 있어서 단순한 규제보다 원천적 해결책을 갈구하며 기술의 혜택보다 잃게 될 가치에 대한 두려움을 더 크게 갖는다. 따라서 어느 유형보다도 기술혁신에 부정적이며 이들을 설득할 가능성도 상대적으로 낮아 보인다.

셋째, '기술의존(기술체화 수준이 낮은 同論)' 모형에서는 '인간과 기계를 동등하다.'고 보더라도 4차 산업혁명 기술의 체화 수준이 낮은 사회의 특징은 사람들이 기술에 대한 의존성을 갖는다는 것이다. 기술발전으로 인한 혜택을 보고 있는 만큼 인간은 기술을 벗어나서 존재할 수 없으며, 기계는 인간의 존재 없이 그 의미가 생기지 않는다. 이러한 의존성은 기술 발전이 가속화될수록 강화된다(Trujillo et al., 2019).

인물성 同論은 物에 해당하는 요소를 인간과 동등하게 간주하기보다는 원칙적 차원에서의 동등성을 주장했다(조성산, 2006). 궁극적으로 인간과 동등해질 가능성을 열어 사회의 개방성을 유도하고 잠재성을 강조하여 생산적 차원에서의 사회활동을 촉진하고자 하였다. 이 모형에서는 기계의 활용을 전폭 지지할 가능성이 높다. 개화기 조선에서 同論의 사상을 이어받은 개화파는 급진 – 온건 관계없이 서구 기술문명의 도입을 추구하였다. 이는 현실적 차원에서 서구 열강을 따라잡아 자주독립을 유지하기 위해서는 전통을 일부 훼손하더라도 변화가 불가피함을 인정했기 때문이다(김영작, 2003; 오승철, 2017).

同論은 기계문명을 배제하고 인간의 순수성만을 강조하는 것은 인류 발전을 무시하는 행태이며 산업혁명 이전의 문물로 돌아갈 수밖에 없다고 본다. 同論은 현대문명을 거부하는 Amish파에 대해 부정적으로 바라볼 가능성이 높다. Amish파는 異論의 입장을 취하고 종교적 차원에서 경직된 사고와 전통을 유지하며 인간의 순수성을 보장하는 방향을 선호한다. 이들에게 무제한적 기술의 허용은 탐욕의 증거이며 인류가 쌓아온 지혜를 부정하는 행위이기 때문이다(Hostetler, 1993).

기술로부터의 독립이 과연 인간의 순수한 문화 유지에 얼마나 도움 될지는 논란의 여지가 있으나, 同論은 기술 역시 인간의 유산으로 생각하는 반면, 異論은 기술과 인간을 별개의 차원으로 바라본다. 기술 발전이 결국 인간을 풍요롭게 할 것이라고 강하게 믿기 때문에 기술의존 유형은 기술혁신에 대해 대체로 긍정적일 것으로 생각한다.

정보화 혁명은 많은 사람이 기술 활용의 생활화를 당연시하게 했으며, 정보통신기기의 작동원리는 모를지언정 혜택의 풍요로움에 대해서는 긍정하고 이를 사용한다(Sieberg, 2011). 물론 급격한 기술 발전으로 인해 변화를 따라가지 못하는 계층에게 혁신은 두려움으로 다가올 수 있다(Ford, 2015). 정보격차로 인해 高정보집단은 기술의존 유형에 속하게 되나, 低정보집단은 '도구로서의 기술 활용' 유형에 속할 가능성이 커진다. 또한 세대 간 정보격차가 있으므로 젊어서 기술의존 유형에 속하였더라도 점차 이 유형에서 이탈할 가능성이 높아진다. 반면, 디지털 세대는 기술 만연 사회에서 태어나 자랐기 때문에 상대적으로 기술의존 유형에 오랫동안 머무르고 기술발전에 지속적으로 긍정적 태도를 취할 가능성이 높다. 이들은 4차 산업혁명 기술의 획기적발전에 대해 긍정적인 반면, 기술 발전과 활용을 지체하는 각종 규제에 대해서는 부정적일 수밖에 없다. 3차 산업혁명 기술의 발전 수준이높은 사회는 대체로 4차 산업혁명 기술의 활용에 대해서도 긍정적일것으로 보인다. 이미 정보화시대에 기술의존 유형이 수적으로 많기도할 뿐만 아니라, 정보통신기술에 대한 의존은 인간에 대한 신뢰에서기술에 대한 신뢰로 신뢰의 개념을 확장시켜 왔기 때문이다(Ford, 2015). 정보의 저장, 습득, 교류, 공유 등과 더불어 의사소통의 양적·질적 개선은 인간과 기술이 서로 의존적인 관계라는 인식을 강화시킬수 있다.

넷째, '상호의존(기술체화 수준이 높은 同論)' 모형에서는 '기계와 인간이 동등하다.'고 생각하고 기술만능주의로 귀결될 개연성이 높다. 인간과 기술이 상호의존적 관계라는 것은 현대 문명을 유지하기 위해기술이 가진 필수적 지위를 나타낸 것이지만, 기술적 특이점을 지나게 되면 기술로 이룰 수 없는 것은 없다고 생각할 가능성이 크다(Rifkin, 2014). 기술에 대한 규제는 사회악으로 간주되며 기술혁신을 위한 다소의 윤리적 허점은 용인될 것이다. 인간의 순수성을 주장하기보다 효율성을 높일 수 있는 신체 개조에 대해서도 긍정할 가능성이 높다(Harle, 2002). 기술만능사회는 인공지능과 기계에 대해 거부감 자체가 없기 때문에 인공지능 기반의 안드로이드(Android)에 대한 차별 또한 부정적으로 바라볼 것이다.

이제 논의되기 시작한 로봇의 권리(로봇권)에 대해서도 긍정적일 것이며(Vincent, 2017/10/28), 애초에 인간과 로봇의 구분이 무의미하다고 느껴 인간-로봇이 사실상 일체가 된 사회를 지지할지도 모른다. 기계를 부정하고 순수하게 인간으로 남고자 하는 집단은 차별받기 쉬울 것이다. 인간과 기술 간의 상호의존이 심화되면 '노동으로부터 해방된 인간'이라는 장밋빛 전망을 할 수 있다(Rifkin, 2014). 인물성 同論을 지지하는 사람들이 주류세력이 되는 기술고도화 사회에서는 기계가 인간을 위한 봉사보다는 기계와 인간이 공존하는 사회가 될 가능성이 커 보인다.

상호의존 모형에서는 우리가 인간으로 정의하는 모든 요소를 다르게 바라볼 수 있다. 신체가 기계라고 하여도 뇌가 존재하면 인간이라고 정의할 수도 있고, 극단적으로는 전자뇌에 기존의 의식을 복사하여 이동시킨다면 존재적 차원에서 연속성이 있는 객체이기 때문에 이를 인간으로 취급할지 모른다(Harle, 2002). 同論의 입장에서 바라보면 인간과 기계의 대립은 있을 수 없다. 오히려 同論 지지자들이 그리는 미래사회에서 혹시 생겨날 대립과 갈등은 기계와 일체화된 인간과 그렇지 않은 인간 사이에 발생할 수 있다(Warwick, 2003; Szeman & Kaposy, 2010).

同論이 바라는 기술고도화된 미래의 양상은 '연결된 인류'이다. 4차 산업혁명의 주된 특징 중 하나인 초연결은 모든 것의 연결을 의미하는데, 그 예로서 인간의 뇌가 블록체인 기술을 통해 연결된다면 미래에는 의사소통이 훨씬 더 직관적이고 간결해질 수도 있다. 초연결을 통해 개별적 존재와 공동체적 존재로서 동시에 살아갈 수 있다(Tapscott & Tapscott, 2016; Stephenson, 2018). 이는 도가철학에서 말하는 원초적 존재로 되돌아가는 것이고, 불교철학에서 말하는 연기(緣起)이며, 유가철학에서 강조하는 팔조목(八條目)의 노력 없이 이뤄지리라는 것을 의미한다(김병환, 2017). 동양철학에서는 인류가 고통을 겪는 이유를 서로를 온전히 이해하지 못함에 있다고 본다. 그렇기에 도가철학에서는 만물이 하나가 되는 '물아일체(物我一體)'를 추구하고, 불교철학은 모든 것이 따로 있지 않고 연결되어 있다는 '연기(緣起)' 사상을 주장하며, 유가철학은 나와 사회(타인)를 분리하지 않고 같은 것으로 대하는 군자의 경지를 최고로 간주한다(김병환, 2017).

이러한 기조는 동양만의 특수성이 아니다. 가령 서구와 중동에는 인류가 원래 하나의 언어로 소통할 수 있어 평화롭게 문명을 구축하였으나, 바빌론 탑이 무너지고 언어가 갈리면서 소통 부재로 갈등이 야기되어 전쟁이 발생하게 되었다는 설화가 있다(Metzger & Coogan, 2004). 본래 하나에서 시작한 인류가 개별적 존재로 분리되면서 인류사회에 불화, 갈등, 분쟁 등 많은 문제를 내포하게 되었다는 것이다. 모든 철학은 기본적으로 인간의 개별성으로부터 야기된 문제를 해결하기 위한 목적으로 서로를 공감하고 이해할 수 있는 방안을 설파하였고, 이러한 행동의 근거를 본디 하나였다는 사상으로 정당화하곤 하였다(김병환, 2017; Metzger & Coogan, 2004). 同論 지지자들은 4차 산업혁명이 온전히 실현될 때 본래라면 이룰 수 없었던, 사실상 불가능한 목표를 성취할 수 있다고 주장한다.

이상 논의된 내용을 요약 정리하면, 조선 후기 사회격변기에 다양한 정치, 경제 및 사회 난제들을 해결하기 위한 노력으로 촉발되었던 인물성동이론을 4차 산업혁명 기술(초지능·초연결성)의 체화 수준과 결합하여 인간과 기술의 관계에 관한 이론적 개념틀을 도출하였다. 이를 통해 4차 산업혁명에 대응하는 네 가지 인간과 기술의 관계 모형으로 기술도구주의, 反기술주의, 기술의존, 인간-기술 상호의존을 제시하였다.

기술도구주의 모형은 4차 산업혁명 기술의 체화 수준이 낮고 異論에 속하는 것으로, 인간과 기계는 구분되어야 하며 기계는 인간을 보조할 뿐 주체적 위치를 차지할 수 없는 부속물로 본다. 따라서 기술 발전에 대한 무한한 긍정보다는 인간이 제어할 정도의 기술 발전만을 추구한다. 反기술주의 모형은 기술 체화 수준은 높고 異論에 해당하는 것으로, 인간은 자연체로 남을 때만 원래 모습을 유지할 수 있다고 본다. 인간에 버금가거나 인간보다 우수한 안드로이드를 배격하며, 인간의 몸을 변형시키려는 어떠한 시도도 거부할 것으로 예상된다.

한편, 기술의존 모형은 4차 산업혁명 기술의 체화 수준이 낮고 同論에 해당하는 것으로, 인간과 기계는 불가분한 관계로 엮여 있으므로 서로 분리될 수 없다고 보고 기술 발전과 활용에 긍정적이다. 상호

의존 모형은 기술 체화 수준은 높고 同論에 속하는 것으로, 인간과 기계의 융합을 긍정적인 시각에서 바라본다. 초연결·초지능 기술을 통해 인간의 한계를 극복할 수 있다고 여기며 인간의 순수성보다는 효율성에 방점을 둔다.

4차 산업혁명 시대에 인간과 기술의 관계 설정에 관한 인물성 異論과 同論 논의는 정책형성과 제도설계에 기여할 수 있다. 정책결정자는 정책수요자에 대한 명확한 이해가 선행되어야 효과적인 정책과 제도를 설계할 수 있다. 4차 산업혁명 시대에 대응하는 네 가지 인간과 기술의 관계 유형에 대한 탐색은 4차 산업혁명이 가져올 사회적 반향의 시나리오를 유추하는 데 도움을 주고, 향후 4차 산업혁명 시대 정책과 제도에 대한 반응을 분석하는 데 철학적 단초를 제공할 수 있다. 인간과 기술의 관계에 관한 이론적 유형화 작업은 4차 산업혁명 관련 정책과 제도를 개선하기 위한 아이디어를 제시하는 데 있어서도 실용적 의의가 있는 것이다.

．
．
．

나
오
며

제
9
장

．
．
．

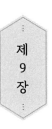

제
9
장

나오며

우리는 누구나 과거의 유산으로부터 결코 자유로울 수 없다. 과거에서부터 켜켜이 쌓인 오랜 문화적·정신적 유산과 흔적들은 우리의 삶에 부지불식간 깊이 영향을 미친다. 하지만 근현대 시기를 지나며 우리는 자신의 역사, 전통, 문화, 사상 및 정신세계를 애써 폄하하고, 서구의 근대성과 합리성의 기치 아래 자신의 것을 성급하게 포기하고 재빨리 잊어버리며 숨가쁘게 달려왔다. 그게 근대화라고 믿었다. 우리는 서구열강의 체제, 문화, 사상 및 과학기술에 대한 선망과 무분별한 답습에만 매달렸지 자신의 정체성을 지켜내고 고유의 문화, 전통, 사상 및 철학의 가치에 대해서는 무지하였다. 서구의 것에 대한 반성적 수용과 비판의 자세는 극히 미약하였다. 이런 상황은 일제에 의한 강압적 식민지 시절과 해방 이후 냉전체제 속에서 미국의 절대적인 영향으로 더욱 가속화되었다.

우리나라 행정과 정책을 들여다보면 상황은 더욱 심각하다. 5.16 군사쿠데타 이후 행정의 미국화(서구화)는 고장난 브레이크를 장착한 자동차가 도로 위를 질주하듯 숨가쁘게 진행되었다. 우리의 역사적 맥락과 상황에 대한 이해 노력은 현저히 미미한 채 미국의 행정 이론과 방법론에 대한 답습과 적용에만 급급해왔던 것이다.

이 책은 오늘날 우리 행정학계의 현실에 대한 반성과 비판 위에서 시도된 작은 노력이다. 조선 후기 치열하게 전개된 호락논쟁에서 미발심론과 인물성동이론의 주요 개념과 내용이 오늘날 정책 문제 해결에 새로운 접근과 이해를 위한 개념적 분석틀을 제공할 수도 있으리라는 것을 보여주고 싶었다. 조선 후기 가장 중요한 정치세력 집단인 서인이 노론과 소론으로 나뉘지고, 다시 노론이 호론과 낙론으로 분화되어 정치적·학술적 논쟁으로 호락논쟁이 첨예하게 전개되었다. 호락논쟁은 결국 인성과 물성이 같은가 혹은 다른가에 관한 인물성동이론에 집중되었다. 이는 어느 입장을 취하느냐에 따라 당시 조선 사회의 정책적 방향성과 구체적인 정책 수단을 결정짓는 것이었다.

조선 후기 사회는 격변기에 접어들고 있었다. 16~17세기 양란을 거치면서 국내외적으로 큰 도전을 받고 있었다. 조선에 삼전도 굴욕을 안겨준 청나라가 조선 통치자와 선비들의 바람과는 다르게 중국 대륙을 통일하고 강건성세(康乾盛世)[1]의 최전성기를 누리고 있었다. 서구열강의 선진 문물, 종교, 사상 및 철학이 동아시아에 소개되고 중국에서는 선교사들의 활동이 두드러졌다. 조선 사회 내부에서는 계급사회의 모순이 점점 두드러지고 파열음을 내고 있었다. 서얼의 차별 철폐와

---

1) 강건성세(康乾盛世)는 강희제, 옹정제, 건륭제의 치세 기간인 1661년부터 1795년까지 130여 년을 지칭한다. 이 기간에 국내 정치는 안정되었고 인구 증가와 함께 경제, 무역, 민생, 농업, 상업 등에서 괄목할 만한 성장과 번영을 누렸다. '강옹건성세(康雍乾盛世)'라고도 불린다.

관직 진출 허용은 정책의 주요 의제로 등장했고, 여성과 기층민의 의식 또한 크게 성장하고 있었다. 인물성 同論을 지지하던 낙론에서는 신분제 완화 혹은 철폐, 청의 문물 수용 등에 있어 현실적이고 전향적인 자세를 취했던 반면, 異論을 지지하던 호론에서는 신분제 강화, 청의 문물 배격과 북벌론 등 도덕적 명분을 강조하고 보수적인 태도를 견지하였다.

이 책에서는 호락논쟁의 미발심론과 인물성동이론이 오늘날 행정과 정책 현상을 이해하고 정책적 처방을 제시하는 데 여전히 유용한 개념과 분석을 위한 틀이 될 수 있다는 것을 보여주고자 하였다. 특히 공사관(公私觀) 및 공공성, 환경정의, 지방분권 및 정부 간 관계, 도시환경정책, 다문화정책, 4차 산업혁명 시대 과학기술정책 등 오늘날 행정학의 주요 쟁점 사례를 들어 우리의 주장이 설득력이 있음을 입증하고자 했다. 이 책에서 우리의 시도가 성공적이었는지 여부는 전적으로 독자의 판단에 맡긴다.

호락논쟁에서 인물성동이론은 기본적으로 마음의 참모습, 타자를 향한 시선과 성찰을 중요하게 다루고 있다(이경구, 2016/01/07). 따라서 노사관계, 노동정책, 복지정책, 외교정책, 남북한 관계, 사회자본, 공동체, 동물복지, 교통정책, 주택정책 등 다양한 행정 현상과 정책 사례에 인물성동이론은 적용될 수 있고 풍부한 이론적·정책적 시사점과 함의를 제공할 수 있으리라 기대한다.

우리 현실은 시공간을 넘나들며 연속적으로 연결되어 있다. 그렇기에 과거 시도되었던 수많은 정책 사례와 경험은 창조적 재해석과 전향적 사고를 통해 오늘날에도 여전히 혜안과 지혜를 제공해줄 수 있다. 역시 오랜 역사 속에 배태된 동양의 전통 철학, 사상 및 이론에 대한 재해석을 통해 오늘날 사회 현상과 문제에 적실한 도움을 줄 수 있는 지혜의 샘물을 퍼 올릴 수 있는 것이다. 아직까지 가보지 않았다고 하여 길이 없지 않다. 시도해보지 않고서 무용하다고 주장하는 것은 무지와 책임 회피라고밖에 볼 수 없다. 이제 우리의 현재와 미래를 위해 과거를 다시금 돌아보자. 과거와의 회통(會通)으로 현재와 미래의 방향타를 가늠해보고 새롭게 길을 열어나가야 한다. 정책의 품격과 질을 높이고 한국적 상황과 맥락에 맞는 정책을 찾고 실천하는 과정에서 과거의 경험과 유산은 너무도 소중하고 필요하다. 이제는 그럴 때가 되었다. 분위기도 무르익어 가고 있다.

참고문헌

제1장

배수호·홍성우. (2020). 공사관(公私觀) 이해를 위한 통합적 개념틀 탐색과
　　적용: 제자백가 사상을 중심으로. 「행정논총」, 58(2): 139-172.

제2장

김상기. (1995). 金福漢의 學統과 思想. 「한국사연구」, 88: 77-105.

김인규. (2011). 조선 후기 노론 학맥의 분화와 그 세계관: 18세기 호락학파
　　의 형성과 현실인식을 중심으로. 「율곡학연구」, 22: 187-222.

김준석. (1981). 조선전기의 사회사상: 『소학(小學)』의 사회적 기능 분석을
　　중심으로. 「동방학지」, 29: 105-192.

김준석. (2003). 「朝鮮後期 政治思想史 硏究: 國家再造論의 擡頭와 展開」. 서
　　울: 지식산업사.

도현철. (2003). 원간섭기 유교지식인의 사상적 지형/원간섭기 『사서집주』이
　　해와 성리학 수용. 「역사와현실」, 49: 9-36.

문석윤. (1995). 巍巖과 南塘의 '未發'논변. 「태동고전연구」, 11: 219-256.

문석윤. (2006). 「湖洛論爭: 形成과 展開」. 경기도 고양: 동과서.

배수호. (2013). 유학(儒學)의 수신론(修身論) 관점에서 바라본 생태적 의식
　　전환 및 실천에 관한 소고: 행정학적 함의를 찾아서. 「한국행정학보」,
　　47(3): 1-22.

배종호. (1978). 「朝鮮儒學史」. 서울: 연세대학교 출판부.

변태섭. (1996). 「한국사통론」. 서울: 삼영사.

손영식. (2013). 「이성과 현실: 송대 신유학에서 철학적 쟁점의 연구」. 울산: UUP.

신병주. (2012). 붕당정치의 서막, 동서 분당. (https://preview.kstudy.com/W_files/kiss10/86627255_pv.pdf)(자료 접근: 2023년 9월 12일).

오영섭. (1999). 「華西學派의 思想과 民族運動」. 서울: 國學資料院.

우인수. (1999). 「朝鮮後期 山林勢力研究」. 서울: 일조각.

유봉학. (1998). 「조선후기 학계와 지식인」. 경기도 성남: 신구문화사.

유초하. (1994). 「한국사상사의 인식」. 서울: 한길사.

윤사순. (1997). 「한국 유학 사상론」. 서울: 예문서원.

이경식·나지대·오종록·이인재·박종진·윤훈균·채웅석·도현철·최재복. (2005). 「중세사회의 변화와 조선 건국」. 서울: 혜안.

이범직. (1997). 「韓國中世禮思想研究: 五禮를 中心으로」. 서울: 일조각.

이천승. (2005). 율곡의 이통기국설(理通氣局說)과 호락논변(湖洛論辯)에 끼친 영향. 「한국사상사학」, 25: 39-69.

이천승. (2012). 한국철학: 낙학(洛學)의 종장으로서 농암 김창협의 인물성동론(人物性同論) 재검토. 「동양철학연구」, 71: 35-54.

이천승. (2014). 18세기 호락논변에 끼친 율곡학의 영향: "이통기국설(理通氣局說)"을 중심으로. 「율곡학연구」, 28: 37-57.

이천승. (2020). 도암 이재와 그 문인들의 낙학(洛學)적 사유. 「한국철학논집」, 64: 49-80.

조성산. (1997). 18세기 호락논쟁과 노론 사상계의 분화. 「한국사상사학」, 8: 75-111.

조성산. (2003). 「朝鮮 後期 洛論系 學風의 形成과 經世論 研究」. 고려대학교 대학원 박사학위논문.

조성산. (2006). 조선 후기 낙론계 학풍에 대한 연구 현황과 전망. 「오늘의동양사상」, 14, 285−314.

조성산. (2007). 「조선 후기 낙론계 학풍의 형성과 전개」. 경기도 파주: 지식산업사.

조지선. (2018). 한원진 성삼층설의 인성교육적 함의와 활용가치. 「陽明學」, 51: 339−373.

정진영. (2017). 조선시대 향촌 양반들의 경제생활: 간찰과 일기를 통해 본 일반적 고찰. 「고문서연구」, 50: 129−157.

정만조. (1992). 17세기 중엽 산림세력[山黨]의 국정운영론. 「택와 허선도선생 정년기념 한국사학논총(擇窩 許善道先生 停年紀念 韓國史學論叢)」. 서울: 일조각.

정회원·남태우. (2020). 성리학을 통해 바라본 미래사회: 人物性同異論의 융합적 관점. 「한국과학예술융합학회」, 38(3): 333−347.

한영우. (2022). 「서경덕과 화담학파: 조선 중기 주자학의 도전자들」. 경기도 파주: 지식산업사.

이경구. (2015/10/23). 2차 논쟁 시작되다. 〈이경구의 조선, 철학의 왕국 – 호락논쟁 이야기〉. 7회. (https://www.hani.co.kr/arti/culture/book/698597.html)(자료 접근: 2023년 2월 16일).

제3장

김도영·배수호. (2016). 현대사회에서 유교적 공공성(儒敎的 公共性)의 적용가능성 연구. 「한국행정학보」, 50(3): 249−275.

김창진·정회원·배수호. (2020). 한비자 사상에서 공공성 탐색 연구. 「한국행정학보」, 54(2): 425−455.

나종석. (2013). 주희의 공(公) 개념과 유교적 공공성(公共性) 이론에 대한 연구. 「東方學志」, 164: 3-28.

배병삼. (2013). 유교의 공과 사. 「동서사상」, 14: 95-120.

배수호·김도영. (2014). 유학(儒學)에서의 공공성 논의: 행정학 맥락에서 이해하기. 「한국행정학보」, 48(3): 75-98.

배수호·홍성우. (2020). 공사관(公私觀) 이해를 위한 통합적 개념틀 탐색과 적용: 제자백가 사상을 중심으로. 「행정논총」, 58(2): 139-172.

백완기. (2007). 한국행정과 공공성. 「한국사회와 행정연구」, 18(2): 1-22.

소영진. (2003). 행정학의 위기와 공공성 문제. 「정부학연구」, 9(1): 5-22.

이주하. (2010). 민주주의의 다양성과 공공성: 레짐이론을 중심으로. 「행정논총」, 48(2): 145-168.

임의영. (2003). 공공성의 개념, 위기, 활성화 조건. 「정부학연구」, 9(1): 23-50.

임의영. (2010). 공공성의 유형화. 「한국행정학보」, 44(2): 1-21.

임의영. (2019). 「공공성의 이론적 기초」. 서울: 박영사.

정회원·김창진·배수호. (2021). 순자 사상에서 공공성 탐색 연구. 「행정논총」, 59(3): 1-48.

채장수. (2009). 공공성의 한국적 현재성: 상황과 의미. 「21세기정치학회보」, 19(1): 47-69.

허남결. (2013). 동서양의 윤리적 전통에서 본 한국사회의 '공(公)'과 '사(私)' 의식: '공'과 '사'의 윤리적 균형감각 회복을 위한 제언. 「동서사상」, 14: 1-30.

Habermas, J. (1962). *The Structural Transformation of the Public Sphere: An Inquiry into a Bourgeois Society*. (1989). Trans. by Thomas Burger and Frederick Lawrence. Cambridge, MA: MIT Press.

Pateman, C. (1970). *Participation and Democratic Theory*. Cambridge, UK: Cambridge University Press.

연합뉴스TV. (2023/09/19). 노인 빈곤율 OECD 1위 실태…"통닭도 사치". (https://m.yonhapnewstv.co.kr/news/MYH20230919015800641)(자료 접

근: 2023년 9월 20일).

제4장

고동현. (2015). 사회적 재난으로서 허리케인 카트리나: 정부 실패와 위험 불평등. 「한국사회정책」, 22(1): 83-119.

고재경·김동영·이양주·강상준·이정임·송미영. (2012). 미래의 복지는 환경복지 이슈. 「이슈 & 진단」, 35: 1-22.

고재경·정회성. (2013). 환경복지 개념 도입에 관한 시론적 연구. 「환경정책」, 21(3): 23-52.

권해수. (2001). 미국의 환경정의 운동과 정치·사회적 영향. 「환경과 생명」, 28: 150-163.

권해수. (2002). 우리나라의 환경정의운동 연구. 「한국사회와 행정연구」, 13(2): 151-166.

김병환. (2000). 21세기 유학의 과제와 전망: 유학사상과 생태문제를 중심으로. 「중국학보」, 42: 377-397.

김종호·추장민·한화진·배현주·공현숙. (2014). 「환경복지 지표 및 기준 개발에 관한 연구」. 한국환경정책·평가연구원. 연구보고서 2014-08.

박광국·김정인. (2020). 환경정의 구현 정책방향에 관한 시론적 연구: 김포 거물대리(里) 사례를 중심으로. 「환경정책」, 28(3): 181-211.

박근수. (2000). 환경정의의 관점에서 본 경인운하 문제. 「환경과 생명」, 26: 60-71.

박은하·최수정·오충현·정부희·이나연. (2016). 생태계서비스 기반 국립공원 생태복지 개념정립 및 정책방향 설정. 「한국환경생태학회지」, 30(2): 261-270.

박재묵. (2006). 환경정의 개념의 한계와 대안적 개념화. 「환경사회학연구 ECO」, 10(2): 75-114.

배수호. (2013). 유학(儒學)의 수신론(修身論) 관점에서 바라본 생태적 의식 전환 및 실천에 관한 소고: 행정학적 함의를 찾아서. 「한국행정학보」, 47(3): 1-22.

배수호. (2021). 유학사상(儒學思想)에서 환경정의(環境正義)에 관한 소고: 수신론(修身論)과 관계론(關係論)을 중심으로. 「공공행정논총」, 34(복문수 교수 정년기념호): 91-125.

배수호·양준필·홍성우. (2014). 환경정의 관점에서의 지방상하수도서비스 분석: 일반시·군 지역 간의 비교를 중심으로. 「지방정부연구」, 17(4): 213-237.

엄은희. (2012). 환경(부)정의의 공간성과 스케일의 정치학: 밀양 송전탑 갈등을 사례로. 「공간과 사회」, 22(4): 52-90.

윤순진. (2006). 사회정의와 환경의 연계, 환경정의: 원자력 발전소의 입지와 운용을 중심으로 들여다보기. 「한국사회」, 7(1): 93-143.

이동희. (2006). 성리학과 환경철학(9장). 「동아시아 주자학 비교연구」. 대구: 계명대학교 출판부.

이인희. (2008). 환경 불평등에 관한 이론적 고찰: 환경정의 연구의 연구쟁점과 연구경향. 「공간과 사회」, 29: 32-67.

이형석. (2015). 환경공익소송과 오르후스(Aarhus)협약: 영국의 사례를 중심으로. 「환경법과 정책」, 14: 233-262.

장욱. (2013). 환경정의의 관점에서 본 환경책임법제에 대한 소고. 「환경법연구」, 35(2): 177-208.

전병술. (2003). 동양철학의 인간중심적 환경윤리. 「중국학보」, 47: 737-752.

정환도·이재근. (2014). 지역형 환경복지를 위한 항목별 평가에 관한 연구. 「지역정책연구」, 25(2): 1-14.

최병두. (1998). 생태학과 환경정의. 「대한지리학회지」, 33(4): 499-523.

최일범. (2007). 환경윤리의 양명학적 해석. 「제4회 하곡학 국제학술대회」, 2007년 12월: 495-502.

최재천. (2009). 「생태복지의 개념 및 적용모델 개발」. 한국건강증진개발원. 건강증진연구사업(정책과제 08－6).

허훈·홍성우. (2015). 환경정의 관점에서의 군사시설 입지와 운용에 따른 갈등 및 피해실태 분석: 미국 영평사격장 사례를 중심으로. 「분쟁해결연구」, 13(3): 29－64.

홍원식. (2011). 유교, 한국 유교, 그리고 생태담론. 「계명대학교 한국학 학술대회」, 2011년 6월: 23－35.

Agyeman, J. (2005). Environmental Justice. *Sustainable Communities and the Challenge of Environmental Justice*. New York: New York University Press. 14－38.

Beck, U. (1986). *Risikogesellschaft: Auf dem Weg in eine andere Moderne*. 홍성태 옮김. (1997). 「위험사회: 새로운 근대(성)를 향하여」. 서울: 새물결.

Bullard, R. (1993). Waste and Racism: A Stacked Deck? *Forum for Applied Research and Public Policy*, 8(1): 29－35.

Environmental Protection Agency. Environmental Justice. (https://www.epa.gov/environmentaljustice)(자료 접근: 2021년 10월 12일).

Gen, S., Shafer, H., & Nakagawa, M. (2012). Perceptions of Environmental Justice: The Case of A US Urban Wastewater System. *Sustainable Development*, 4(2): 239－250.

Kuehn, R.R. (2000). A Taxonomy of Environmental Justice. *Environmental Law Reporter (ELR) News & Analysis*, 30: 10681－10703.

Laurent, É. (2011). Issues in Environmental Justice within the European Union. *Ecological Economics*, 70: 1846－1853.

Liu, F. (2001). *Environmental Justice Analysis: Theories, Methods, and Practice*. Boca Ratton, FL: CRC Press LLC.

Low, N.P, & Gleeson, B.J. (1997). Justice in and to the Environment:

Ethical Uncertainties and Political Practices. *Environment and Planning A*, 29(1): 21−42.

Millner, F. (2011). Access to Environmental Justice. *Deakin Law Review*, 16(1): 189−207.

Naess, A. (1973). The Shallow and the Deep, Long−Range Ecology Movement: A Summary. *Inquiry*, 16: 95−100.

Pedersen, O.W. (2010). Environmental Principles and Environmental Justice. *Environmental Law Review*, 12(1): 26−49.

Pops, G.M. (1997). Seeking Environmental Equity and Justice. *Korean Review of Public Administration*, 2(1): 69−96.

Tu, W. (1996). Beyond the Enlightment Mentality. *Confucianism and Ecology: The Interrelation of Heaven, Earth, and Humans* (ed. by Tucker, M.E., & Berthrong, J). Cambridge, MA: Harvard University Press.

Wenz, P.S. (1988). *Environmental Justice*. Albany, NY: State University of New York Press.

Young, I.M. (1990). *Justice and the Politics of Difference*. Princeton, NJ: Princeton University Press.

Zimmerman, R. (1993). Social Equity and Environmental Risk. *Risk Analysis*, 13(6): 649−666.

杜維明. (2005). 「對話與創新」. 김태성 옮김. (2006). 「문명들의 대화: 동아시아 문명은 세계에 어떤 비전을 제시할 수 있는가」. 서울: 휴머니스트.

연합뉴스. (2015/08/24). 허리케인 카트리나 악몽 10년…갈 길 먼 미 뉴올리언스. (https://www.yna.co.kr/view/AKR20150824001400123)(자료 접근: 2023년 9월 20일).

박정민. (2008). 정부간 관계 모형에 관한 고찰. 「NGO연구」, 6(1): 165–190.

오재일. (2014). 「지방자치론」. 서울: 도서출판 오래.

정도효·문상호·배수호. (2019). 지방자치단체 간 국고보조금 배분에 미치는 영향요인 분석: Rhodes의 권력–의존 모형을 중심으로. 「정책분석평가학회보」, 29(3): 21–53.

정문기. (2023). 「지방자치론」. 서울: 박영사.

Rhodes, R.A.W. (1999). *Control and Power in Central–Local Government Relations*. 양기용·하혜수 옮김. (2001). 「중앙–지방간 권력관계」. 경기개발연구원.

Wright, D.S. (1988). *Understanding Intergovernmental Relations* (3rd ed.). Pacific Grove, CA: Brooks–Cole.

Wright, D.S. (2000). *Models of National, State and Local Relationships*. Washington, D.C.: CQ Press.

天川晃. (1986). 変革の構想―道州制論の文脈. 大森彌·佐藤誠三郎編. 「日本の地方政府」. 東京: 東京大學出版會.

역사넷. 지방자치제도의 시행: 민주주의와 참여를 향한 긴 여정. (http://contents.history.go.kr/mobile/kc/view.do?levelId=kc_i503250&code=kc_age_50)(자료 접근: 2023년 9월 26일).

매일경제. (2024/02/14). 5년 공들인 '부울경 메가시티'…"우리가 더 손해" 이기주의에 와르르. (https://www.mk.co.kr/news/politics/10941985)(자료 접근: 2024년 5월 22일).

제6장

국토연구원. (2009/12/18). 성장거점전략.
(https://library.krihs.re.kr/bbs/content/2_439?pn=27&)(자료 접근: 2023
년 9월 26일).

김은영. (2019). '인물성동론'에서 '인물동론'으로: 연암 인물성동론의 재조명.
「東方學志」, 186: 185－220.

김종기. (2004). 한국의 환경문제와 정책과제. 「국토연구」, 42: 141－154.

박길용. (2021). 「생태도시학」. 서울: 윤성사.

박윤환·최충익·최유진. (2022). 「도시행정: 뉴 노멀 시대의 패러다임 전환」.
서울: 윤성사.

Carson, R. (1962). *Silent Spring*. Boston, CA: Houghton Mifflin Company.

Dryzek, J.S. (1997). *The Politics of the Earth: Environmental Discourses*.
정승진 옮김. (2005). 「지구환경정치학 담론」. 서울: 에코리브르.

Meadows, D.H., Meadows, D.L., Randers, J., & Behrens, W.W. (1972). *The
Limits to Growth*. Club of Rome.

경향신문. (2019/03/05). 한국 OECD 국가 중 초미세먼지 '최악' 2위…서울의
공기질 순위는?
(https://m.khan.co.kr/national/national－general/article/201903051000001)
(자료 접근: 2024년 4월 19일).

중앙일보. (2019/06/22). 30년 전 페놀 수돗물 파동…그 충격에도 교훈 못 얻
었다. (https://www.joongang.co.kr/article/23503719#home)(자료 접근:
2024년 4월 19일).

한겨레신문. (2019/07/13). 우리는 왜 수돗물을 마시지 않게 되었나.
(https://www.hani.co.kr/arti/society/society_general/901677.html)(자료
접근: 2024년 4월 19일).

제7장

김우성. (2014). 「라틴아메리카의 언어적 다양성과 언어정책」. 부산: 산지니.

김희정. (2007). 한국의 관주도형 다문화주의: 다문화주의 이론과 한국적 적용(제2장). 오경석·김희정·이선옥·박흥순·정진헌·정혜실·양영자·오현선·류성환·이희수·강희복. 「한국에서의 다문화주의: 현실과 쟁점」. 경기도 파주: 한울아카데미. 57-80.

박경태. (2003). 「국내 거주 화교 인권실태조사」. 국가인권위원회 발간자료.

오경석. (2007). 어떤 다문화주의인가?: 다문화사회 논의에 관한 비판적 조망(제1장). 오경석·김희정·이선옥·박흥순·정진헌·정혜실·양영자·오현선·류성환·이희수·강 희복. 「한국에서의 다문주의: 현실과 쟁점」. 경기도 파주: 한울아카데미. 22-56.

윤경훈·강정인. (2019). 한국 다문화주의 연구의 다문화 정책 인식에 대한 비판적 검토: 맥락 없는 다문화주의? 「한국정치연구」, 28(2): 89-116.

이상봉. (2014). 국민국가 일본과 선주민족 아이누: 동화와 다문화공생 논리에 대한 비판적 고찰. 「일본문화연구」, 51: 325-352.

이지원. (2008). 오키나와의 아이덴티티 문제와 자문화인식. 「사회와 역사(구 한국사회사학회논문집)」, 78: 223-276.

이혜경. (2008). 한국 이민정책의 수렴 현상: 확대와 포섭의 방향으로. 「한국사회학」, 42(2): 104-137.

윤인진. (2008). 한국적 다문화주의의 전개와 특성: 국가와 시민사회의 관계를 중심으로. 「한국사회학」, 42(2): 72-103.

정정희. (2022). 다문화 사회에서의 다문화가족지원법 개선방안에 대한 고찰: 실효적 사회통합을 중심으로. 「인문사회과학연구」, 30(4): 593-622.

정회원. (2021). 호락논쟁(湖洛論爭)의 관점에서 다문화 정책 담론에 관한 탐색 연구: 국회 회의록을 중심으로. 성균관대 석사학위논문.

정회원·배우정·배수호. (2021). 호락논쟁(湖洛論爭)의 관점에서 다문화 정책 담론에 관한 탐색 연구: 국회 회의록을 중심으로. 「한국행정논집」, 33(3): 579−606.

Baldwin, K., & Huber, J.D. (2010). Economic versus cultural differences: Forms of ethnic diversity and public goods provision. *American Political Science Review*, 104(4): 644−662.

Borjas, G.J. (1994). Ethnicity, neighborhoods, and human capital externalities. National Bureau of Economic Research. Working Paper No. 4912.

Burgess, A.C. (ed.). (2001). *Guide to Western Canada* (6th ed). Globe Pequot Press.

Claval, P. (2001). Multiculturalism and the dynamics of modern civilizations. University of Paris−Sorbonne. (https://archive.unu.e−du/dialogue/papers/claval−s2.pdf) (자료 접근: 2020년 11월 24일).

Fearon, J.D., & Laitin, D.D. (2003). Ethnicity, insurgency, and civil war. *American Political Science Review*, 97(1): 75−90.

Gans, C., & Ganz, Ḥ. (2003). *The Limits of Nationalism*. Cambridge, UK: Cambridge University Press.

Gleason, P. (1964). The melting pot: Symbol of fusion or confusion? *American Quarterly*, 16(1): 20−46.

Gleason, P. (1980). American identity and Americanization. Thernstrom, S., Orlov, A., & Handlin, O. (eds.). *Harvard Encyclopedia of American Ethnic Groups*. Cambridge, MA: Harvard University Press. 31−58.

Gutmann, A. (1994). *Multiculturalism*. Princeton, NJ: Princeton University Press

Handlin, O. (1991). *Boston's Immigrants, 1790−1880: A Study in Acculturation*. Cambridge, MA: Harvard University Press.

Hansen, M.L. (1942). *The Immigrant in American History*. Cambridge,

MA: Harvard University Press.

Higham, J. (2002). *Strangers in the Land: Patterns of American Nativism, 1860−1925*. New Brunswick, NJ: Rutgers University Press.

Hussey, R.D. (1932). Text of the Laws of Burgos (1512−1513) concerning the treatment of the Indians. *Hispanic American Historical Review*, 12(3): 301−326.

Kymlicka, W. (1996). *Multicultural Citizenship: A Liberal Theory of Minority Rights*. Oxford, UK: Oxford University Press.

Kymlicka, W. (2001). *Politics in the Vernacular: Nationalism, Multiculturalism, and Citizenship*. Oxford, UK: Oxford University Press.

Modood, T. (2007). Multiculturalism. *The Blackwell Encyclopedia of Sociology*. 1−4.

Moses, B. (1898). *The Establishment of Spanish Rule in America: An Introduction to the History and Politics of Spanish America*. New York, NY: Routledge.

Parekh, B. (2001). Rethinking multiculturalism: Cultural diversity and political theory. *Ethnicities*, 1(1): 109−115.

Putnam, R.D. (2007). E Pluribus Unum: Diversity and community in the twenty−first Century. The 2006 Johan Skytte Prize Lecture. *Scandinavian Political Studies*, 30(2): 137−166.

Smith, W.C. (1939). *Americans in the Making*. New York, NY: Appleton−Century.

Spielberger, C.D. (2004). *Encyclopedia of Applied Psychology*. Cambridge, MA: Academic Press.

Troper, H. (1999). Multiculturalism. *Encyclopedia of Canada's Peoples*. 997−1006. Toronto, Canada: University of Toronto Press.

Vertovec, S., & Wessendorf, S. (2010). *The Multiculturalism Backlash:*

European Discourses, Policies and Practices. New New York, NY: Routledge/Taylor & Francis Group.

Wayland, S.V. (1997). Immigration, multiculturalism and national identity in Canada. *International Journal on Minority and Group Rights*, 5(1): 33–58.

Zarate, G. (2011). *Handbook of Multilingualism and Multiculturalism*. Éditions des Archives Contemporaines, Ltd.

고용노동부. (2020). 외국인 산업기술연수생의 보호 및 관리에 관한 지침. (http://www.moel.go.kr/info/lawinfo/instruction/view.do;jsessionid=6v Vs3Fak5q0hAAfRjF4aYfZN0JZD4Ve3PQpdIYE39S3V9QIJMZDCag50bP47V r7f.moel_was_outside_servlet_www1?bbs_seq=8607) (자료 접근: 2023년 9월 13일).

Booth, W. (1998/02/21). One nation, indivisible: Is it history?. *Washington Post*. (https://www.washingtonpost.com/archive/politics/1998/02/22/one –nation–indivisible–is–it–history/f307d7da–e4a8–4ed9–9547–2f 0adc164173/) (자료 접근: 2020년 10월 26일).

Pauls, E.P. Assimilation. (https://www.britannica.com/topic/assimilation –society) (자료 접근: 2019년 8월 21일).

제8장

김근혜. (2017). 제4차 산업혁명기술 도입을 위한 규제 방식 전환에 대한 탐색적 연구. 「한국지역정보화학회지」, 20(3): 59–88.

김병환. (2017). 「김병환 교수의 동양윤리사상 강의」. 서울: 새문사.

김봉수. (2012). 범죄예방을 위한 개인정보 수집 및 활용에 대한 통제: 9.11테러 전후 미국의 개인정보법제의 변화와 그 의미를 중심으로. 「비교형사법연구」, 14(2): 73–100.

김영작. (2003). 초기 개화파의 '내셔널리즘'의 사상적 구조. 「한국동양정치사상사연구」, 2(2): 111－146.

김진영·허완규. (2018). 제4차 산업혁명시대 인문사회학적 쟁점과 과제에 관한 연구. 「디지털융복합연구」, 16(11): 137－147.

류재한·유연우. (2018). 텍스트 마이닝을 활용한 4차 산업혁명 핵심기술 연관분석. 「디지털융복합연구」, 16(8): 129－136.

오승철. (2017). 근대 개화사상의 발전과 분화에 관한 연구: 급진개화파와 온건개화파를 중심으로. 「민족사상」, 11(2): 141－168.

윤상오·이은미·성욱준. (2018). 인공지능을 활용한 정책결정의 유형과 쟁점에 관한 시론. 「한국지역정보화학회지」, 21(1): 31－59.

윤용남·이충구·김재열·윤원현·추기연·이철승·심의용·김형석·이치억·김현경. (2018). 「(완역) 성리대전」. 경기도 고양: 학고방.

이선영·조경호·박광국. (2019). 4차산업혁명시대의 정부부처 간 협력에 관한 연구. 「디지털융복합연구」, 17(6): 35－42.

정회원·남태우. (2020). 성리학을 통해 바라본 미래사회: 人物性同異論의 융합적 관점. 「한국과학예술융합학회」, 38(3): 333－347.

조성산. (2006). 조선 후기 낙론계 학풍에 대한 연구 현황과 전망. 「오늘의동양사상」, 14: 285－314.

진상기·박영원. (2017). 제4차 산업혁명의 미래전략체계에 관한 연구: AHP 분석을 중심으로. 「한국지역정보화학회지」, 20(3): 31－58.

진상기·방민석. (2018). 제4차산업혁명에 대응하는 공공관리의 변화와 향후 과제: 사회－기술시스템론적 접근을 중심으로. 「디지털융복합연구」, 16(4): 39－47.

한세억. (2017). 제4차 산업혁명의 창조적 제도화에 대한 연구. 「한국지역정보화학회지」, 20(3): 111－133.

Acemoglu, D., & Robinson, J.A. (2012). *Why Nations Fail: The Origins of Power, Prosperity, and Poverty.* New York, NY: Crown Books.

Allen, F.R., & Miller, D.C. (1957). *Technology and Social Change*. New York, NY: Alppleton−Century−Crofts.

Bailetti, T. (2012). Technology entrepreneurship: Overview, definition, and distinctive aspects. *Technology Innovation Management Review*, 2(2): 5−12.

Bostrom, N. (2017). *Superintelligence: Paths, Dangers, Strategies*. Oxford, UK: Oxford University Press.

Cohen, B. (1949). *Science, Servant of Man: A Layman's Primer for the Age of Science*. London, UK: Sigma Book Ltd.

de la Chaux, M., & Okune, A. (2017). The challenges of technology en−trepreneurship in emerging markets: A case study in Nairobi (Ch.9). Ndemo, B., & Weiss, T. (eds.). *Digital Kenya: An Entrepreneurial Revolution in the Making*. Palgrave Studies of Entrepreneurship in Africa (PSEA). 265−301.

Downey, G.L., Dumit, J., & Williams, S. (1995). Cyborg anthropology. *Cultural Anthropology*, 10(2): 264−269.

Evans, W. (2015). Posthuman rights: Dimensions of transhuman worlds. *Teknokultura*, 12(2): 373−384.

Ford, M. (2015). *Rise of the Robots: Technology and the Threat of a Jobless Future*. New York, NY: Basic Books.

Gaynor, M.J. (2015). The Town without Wi−Fi. *Washingtonian*, January Issue. (https://www.washingtonian.com/2015/01/04/the−town−with−out−wi−fi/) (자료 접근: 2019년 9월 23일).

Gray, C.H. (2000). *Cyborg Citizen: Politics in the Posthuman Age*. New York, NY: Routledge.

Harle, R.F. (2002). Cyborgs, uploading and immortality: Some serious concerns. *Sophia*, 41(2): 73−85.

Heimans, J., & Timms, H. (2018). *New Power: How Power Works in Our Hyperconnected World - and How to Make It Work for You.* New York, NY: Doubleday.

Heller, N. (2017/12/11). Estonia, the digital republic. The *New Yorker.* (https://www.newyorker.com/magazine/2017/12/18/estonia−the−dig−ital−republic) (자료 접근: 2019년 9월 8일).

Hitch, L.P., & Miller, J.P. (1994). Historical perspectives on technology, ethics, and privacy. *IEEE Transactions on Professional Communication,* 37(1): 11−13.

Hostetler, J.A. (1993). *Amish Society* (4th ed.). Baltimore, MD: Johns Hopkins University Press.

Jones, S.E. (2013). *Against Technology: From the Luddites to Neo−Luddism.* New York, NY: Routledge.

Kates, D.B. (1983). Handgun prohibition and the original meaning of the Second Amendment. *Michigan Law Review,* 82(2): 204−273.

Kuznets, S.S. (1968). *Toward a Theory of Economic Growth: With "Reflections on the Economic Growth of Modern Nations."* New York, NY: W. W. Norton & Company.

McAfee, A., & Brynjolfsson, E.. (2017). *Machine, Platform, Crowd: Harnessing Our Digital Future.* New York, NY: W. W. Norton & Company.

Metzger, B.M., & Coogan, M.D. (eds.). (2004). *The Oxford Guide to People & Places of the Bible.* New York, NY: Oxford University Press.

Miller, D., & Garnsey, E.. (2000). Entrepreneurs and technology diffusion: How diffusion research can benefit from a greater understanding of entrepreneurship. *Technology in Society,* 22(4): 445−465.

Nahuis, R. (2007). *The Politics of Innovation in Public Transport: Issues, Settings and Displacements*. KNAG. Netherlands Geographical Studies, Vol. 357.

Narayan, D., Chambers, R., Shah, M.K., & Petesch, P. (2000). *Voices of the Poor: Crying Out for Change*. New York, NY: Oxford University Press.

Ogburn, W.F. (1922). *Social Change with Respect to Culture and Original Nature*. New York, NY: BW Huebsch, Incorporated.

Podesta, J. (2002). USA Patriot Act: The good, the bad, and the sunset. *Human Rights*, 29(1): 3−4 & 7 (3 pages).

Rifkin, J. (2014). *The Zero Marginal Cost Society*. New York, NY: St. Martin's Press.

Rosenberg, N. (1976). *Perspectives on Technology*. Cambridge, UK: Cambridge University Press.

Schiffer, M.B. (ed.). (2001). *Anthropological Perspectives on Technology*. Albuqerque, NM: University of New Mexico Press. Amerind Foundation New World Studies: No. 5.

Schwab, K. (2017). *The Fourth Industrial Revolution*. New York, NY: Currency Books.

Shanahan, M. (2015). *The Technological Singularity*. Cambridge, MA: MIT Press.

Sieberg, D. (2011). *The Digital Diet: The 4−step Plan to Break Your Tech Addiction and Regain Balance in Your Life*. New York, NY: Three Rivers Press.

Stephenson, W.D. (2018). *The Future is Smart: How Your Company Can Capitalize on the Internet of Things and Win in a Connected Economy*.

Nashville, TN: Harper Collins Leadership.

Szeman, I., & Kaposy, T. (eds.). (2010). *Cultural Theory: An Anthology.* Hoboken, NJ: John Wiley & Sons.

Tapscott, D., & Tapscott, A. (2016). *Blockchain Revolution: How the Technology Behind Bitcoin and Other Cryptocurrencies Is Changing the World.* New York, NY: Penguin.

Trujillo, A.C., Gregory, I.M., & Ackerman, K.A. (2019). Evolving Relationship between Humans and Machines. *IFAC−PapersOnLine*, 51(34): 366−371.

Vadymovych, S.Y. (2017). Artificial personal autonomy and concept of robot rights. *European Journal of Law and Political Sciences*, 1(1): 17−21.

Veblen, T., & Mitchell, W.C. (1964). *What Veblen Taught: Selected Writings of Thorstein Veblen.* New York, NY: AM Kelly.

Vincent, J. (2017/10/28). Pretending to give a robot citizenship helps no one. *The Verge.* (https://www.theverge.com/2017/10/30/16552006/ro−bot−rights−citizenship−saudi−arabia−sophia) (자료 접근: 2019년 8월 20일).

Warwick, K., (2003). Cyborg morals, cyborg values, cyborg ethics. *Ethics and Information Technology*, 5(3): 131−137.

World Economic Forum. (2016). *The Global Risks Report 2016.* (11th ed.).

Yang, A. (2018). *The War on Normal People: The Truth about America's Disappearing Jobs and Why Universal Basic Income Is Our Future.* New York, NY: Hachette Books.

제9장

이경구. (2016/01/07). 지금 여기에서의 호락논쟁. 〈이경구의 조선, 철학의 왕국 – 호락논쟁 이야기〉. 마지막회 (20). (https://www.hani.co.kr/arti/culture/book/725250.html)(자료 접근: 2023년 2월 16일).

찾아보기(인명)

찾아보기(사항)

저자소개

배수호(裵壽鎬)

미국 University of North Carolina(Chapel Hill)에서 정책학 박사학위를 취득하고, 현재 성균관대 행정학과/국정전문대학원에서 교수로 재직하고 있다. 최근 저서로는 「산림공유자원관리로서 금송계 연구: 公有와 私有를 넘어서 共有의 지혜로」(공저, 2018), 「한국적 지역공동체 사례연구: 복내이리송계(福內二里松契)」(2019), 「진안군 중평(中坪) 마을공동체: 공동체 원형을 찾아서」(2022), 「광양의 설화(상 ·하권)」(공저, 2023), 「한국인과 소나무」(공저, 2024) 등이 있다. 동양행정철학, (지역)공동체, 환경정책, 지방재정 등의 분야에 관심을 가지고 연구와 강의를 병행하고 있다.

정회원(鄭會元)

성균관대학교와 미국 Syracuse University에서 행정학 석사학위를 취득하고, 현재 미국 American University에서 박사과정을 밟고 있다. 주요 관심분야는 행정철학, 행정사, 행정윤리다. 최근 논문으로는 '성리학을 통해 바라본 미래사회: 人物性同異論의 융합적 관점'(2020), '한비자 사상에서 공공성 탐색 연구'(2020), '순자 사상에서 공공성 탐색 연구'(2021), '호락논쟁(湖洛論爭)의 관점에서 다문화 정책 담론에 관한 탐색 연구: 국회회의록을 중심으로'(2021) 등이 있다.

배우정(裵旴挺)

경희대학교에서 중국학 박사를 취득하였으며, 성균관대학교 국정전문대학원에서 박사수료하였다. 현재 아주대학교 과학기술정책 · 융합연구센터 전임연구원, 아주브레인추진사업단 책임연구원으로 재직하고 있다. 동아시아의 고문헌 및 판본, 문화 비교연구를 진행했으며, 동양철학, 지속가능한 공동체, 환경정책 등의 분야에 관심을 가지고 연구하고 있다.

호락논쟁, 여전히 유효한가? 사회현상 이해하기

초판발행	2025년 1월 5일
지은이	배수호·정회원·배우정
펴낸이	안종만·안상준
편 집	전채린
기획/마케팅	정연환
표지디자인	Ben Story
제 작	고철민·김원표
펴낸곳	(주)**박영사**
	서울특별시 금천구 가산디지털2로 53, 210호(가산동, 한라시그마밸리)
	등록 1959. 3. 11. 제300-1959-1호(倫)
전 화	02)733-6771
f a x	02)736-4818
e-mail	pys@pybook.co.kr
homepage	www.pybook.co.kr
ISBN	979-11-303-2074-8 93350

정 가   16,000원